Hans Ambrosi · Ingo Swoboda

Wein
richtig genießen lernen

Einführung in die Weinsensorik

FALKEN

INHALT

WEIN – EIN BUCH MIT SIEBEN SIEGELN?

Wein – ein Stück Lebensart

Noch nie war das Interesse am Wein so groß wie heute. Wein, das ist nicht nur ein Getränk, sondern ein Stück Kultur und Lebensart. Wein macht den Tisch zur Tafel, das Menü zum Festessen und den Stehempfang zum feierlichen Auftakt. Wenn Wein heute eine beträchtlich größere Rolle spielt als noch vor zwanzig Jahren, dann hat das natürlich auch etwas mit dem Wunsch zu tun, sich etwas Gutes zu gönnen.

Entsprechend umfangreich ist das Weinangebot im Fach- und Lebensmittelhandel, in Getränkemärkten und direkt beim Erzeuger. Vorbei die Zeit, als man aus einer bescheidenen Palette von Rhein und Mosel, Riesling und Burgunder, süß oder herb zu wählen hatte. Heute steht der Verbraucher ratlos vor endlosen Regalen mit Weinen verschiedenster Preisklassen aus aller Herren Länder.

Gewiß, Bücher über Wein gibt es viele, aber alle (wenn sie ehrlich sind) gipfeln in der Aussage: „Wir können nur empfehlen – *was schmeckt, muß jeder für sich selbst entscheiden!*" Denn den guten Wein gibt es nicht. Auf den persönlichen Geschmack und auf den Anlaß kommt es an. Abends vor dem Fernseher ist ein anderer Wein richtig als beim festlichen Menü, beim Grillen auf der Terrasse ein anderer als beim Jubiläum des Chefs oder bei einem runden Geburtstag in der Familie.

Also: einfach probieren. Einfach? Ertappen Sie sich öfter bei Bemerkungen wie: „Dieser Wein ist mir irgendwie zu ..., der hat zuwenig ... " Ja, was denn? Dem ungeübten Weinfreund fehlen nicht nur die Worte, es fehlt ihm auch schon die genaue Wahrnehmung dessen, was im Wein „drinsteckt".
Mancher hat sich ein Muster zurechtgelegt, etwa: „Ich mag nur halbtrockenen Riesling!" – um dann irgendwann festzustellen, daß er sich damit über Jahre hinweg um den Genuß z. B. von guten trockenen Rotweinen gebracht hat. Oder: „Ich kaufe meinen Wein nur bei ..., da weiß ich, was ich habe!" Wissen Sie es wirklich?
Stellen Sie sich einmal vor, Sie planen eine Reise, gleichgültig, ob in den Bayerischen Wald oder nach Kanada. Dann können Sie natürlich einfach drauflosfahren und sehen, was sich am Wegesrand bietet. Wobei allerdings die Gefahr besteht, daß Sie die schönsten Plätze verpassen. Daher kaufen Sie sich klugerweise einen Reiseführer, der das unbekannte Land für Sie erschließt, die schnellsten Wege zu den interessantesten Sehenswürdigkeiten weist und verborgene Schätze aufdeckt. So etwas wie ein Reiseführer zum Wein will dieses Buch sein – zum Wein im Glase, wohlgemerkt! Vergessen Sie fürs erste Anbaugebiete, Qualitätsstufen und Ausbaumethoden – hier geht es nur um den Wein an und für sich. Zwei Unbekannte sind dabei zu erforschen: *Sie* mit all Ihren Möglichkeiten, einen Wein mit den Sinnen zu erfassen und zu verstehen, und *der Wein* mit seiner verwirrenden Vielfalt von Aromen und Geschmacksstoffen.

Entdeckungsreisen in die Weinwelt

Dieses Buch möchte neue (Wein-)Welten erschließen, ohne daß Sie die Koffer packen müssen. In Ihren eigenen vier Wänden, erst vielleicht allein, später sicher mit Gleichgesinnten. Anschließend werden Sie sich ganz von selbst gern auf den Weg machen – zum Beispiel zu einer Weinprobe beim Winzer, um einen neuen Wein zu entdecken ...

SEHEN – RIECHEN – SCHMECKEN

Die Sinne

als Werkzeug

Die Sinne sind unser Fenster zur Welt. Sie lassen uns wahrnehmen und empfinden, grenzen die Welt für uns ein, entscheiden, was überhaupt erkennbar ist. Wie jedes Lebewesen von seiner Umwelt nur so viel erfaßt, wie ihm seine Sinne vermitteln, so lebt der Mensch vornehmlich in einer Sehwelt, der Hund in einer Riechwelt, die Fledermaus in einer Hörwelt, die Spinne in einer Tastwelt. Der Erkenntnis der Welt sind enge sinnliche Grenzen gesetzt – so auch der „Erkenntnis" des Weines im Glase.

Zudem ist der Mensch ein kompliziertes Wesen, das sich ganz erheblich von momentanen Stimmungen und Gefühlen leiten läßt. Daher rührt beispielsweise das altbekannte Phänomen, daß ein Wein, der in einer lauen Urlaubs-Sommernacht in einer kleinen Taverne am Meer so köstlich geschmeckt hat – da muß man gleich eine Kiste mit nach Hause nehmen –, daheim vorm Fernseher oft erheblich an Reiz verliert. Und der Federweiße, frisch vom Faß zur Erntezeit in einer gemütlichen Straußwirtschaft probiert, schmeckt immer besser als in den eigenen vier Wänden. Schließlich vermag auch der Blick aufs Preisschild oder auf den großartigen Namen – „Gräflich Schloß Sonnenhang Hofkellerei" – das (Geschmacks-)Bild, das wir uns von einem Wein machen, entscheidend zu beeinflussen.

Die Wahrnehmung ist gefühlsabhängig

Was leisten die Sinne?

Wer einen Wein tatsächlich beurteilen möchte, muß sich auf seine eigenen Sinne verlassen. Aber die wenigsten Menschen sind sich über die Möglichkeiten und Grenzen ihrer Sinneswahrnehmung im klaren. Gewiß, man kann auch ganz gut sehen, riechen und schmecken, ohne zu wissen, wie es funktioniert. Aber das Wissen um die Arbeitsweise der Sinnesorgane kann doch sehr hilfreich sein, um die eigenen Wahrnehmungen einzuordnen, sie systematisch zu schulen und sie sich schließlich optimal zunutze zu machen.

Sehen – riechen – schmecken: Die drei Wege zum Wein im Glas. Mit diesen drei Sinnen wird der Wein geprüft, erst in ihrem Zusammenspiel vermitteln sie ein umfassendes Bild von seiner Qualität.

DIE DREI WEIN-SINNE

Schon die Römer haben den Wein nicht nur reichlich getrunken, sondern sich auch kluge Gedanken darüber gemacht. Der Dichter Horaz entwarf die magische Weinformel „Color – Odor – Sapor", das heißt „Farbe – Geruch – Geschmack", und erfaßte damit die drei Sinnesqualitäten, nach denen der Wein noch heute geprüft und beurteilt wird.

AUGENWESEN MENSCH – DER LICHTSINN

Der Mensch orientiert sich ganz überwiegend durch seinen optischen Sinn, er ist geradezu ein „Augentier". Und vielleicht nicht zuletzt deshalb dem Phänomen Wein gegenüber zunächst etwas hilflos. Denn durch bloßes Betrachten ist ihm sicherlich nicht beizukommen – obwohl Farbe und Klarheit mehr über einen Wein aussagen, als der Laie zunächst vermutet.

Auf alle Fälle ist der erste Eindruck immer ein optischer, am Auge führt kein Weg vorbei. Nicht umsonst heißt es: Das Auge ißt mit! Machen Sie nur einmal, wenigstens gedanklich, die Gegenprobe. Stellen Sie sich vor, Sie müßten einen Wein mit verbundenen Augen probieren. Was erwartet mich, ein roter oder ein weißer – oder ist er womöglich etwas bräunlich übertönt? Vielleicht ein wenig trübe, mit undefinierbaren Schlieren? Was für eine unappetitliche Vorstellung! Auf diese Weise kann man einen Wein nicht recht genießen, und sei er noch so makellos.

Der Mensch glaubt, was er sieht (und oft genug *nur* was er sieht). Jeder hat wohl zumindest in der Kinderzeit schon einmal billige Süßspeisen – Puddings, Eis, Bonbons – genos-

sen, die sich in erster Linie durch die Farbe unterscheiden: Gelb = Vanille, Braun = Schokolade, Rot = Frucht, ansonsten (fast) nichts als Zucker – den Rest erledigt die Phantasie. Mit den ungiftigen und völlig geschmacksneutralen Lebensmittelfarben lassen sich hier die schönsten Experimente machen: Sahnetorte in Grün, Nudeln in Violett … – widerlich, dabei wird der Geschmack in keiner Weise verändert!

Man glaubt, was man sieht

Wenn aber der Wein schön sattrot oder blank weiß im Glase steht, dann ist man immer geneigt, auch einen guten, blitzsauberen Tropfen zu erwarten – und das nicht ganz zu Unrecht.

Lichtstrahlen, die direkt von einer Lichtquelle ausgehen oder von Oberflächen reflektiert worden sind, fallen durch die Linse auf die Netzhaut, die mit lichtempfindlichen Sinnes-

Vom Auge zum Gehirn

zellen ausgekleidet ist. Die Reize der Sehzellen werden über Nervenzellen an das Gehirn weitergeleitet und dort verarbeitet. Die Lichtstärke, die in das Auge einfällt, wird durch die Blendenöffnung der Pupille geregelt, die Sehschärfe durch die Wölbung der Linse. Zwei Typen von Sehzellen teilen sich dabei die Aufgaben: die Stäbchen sind farbenblind und ausschließlich zuständig für das Helldunkelsehen, die Zapfen dienen in erster Linie dem Farbensehen und versagen bei schwacher Beleuchtung (bei Nacht sind alle Katzen grau).

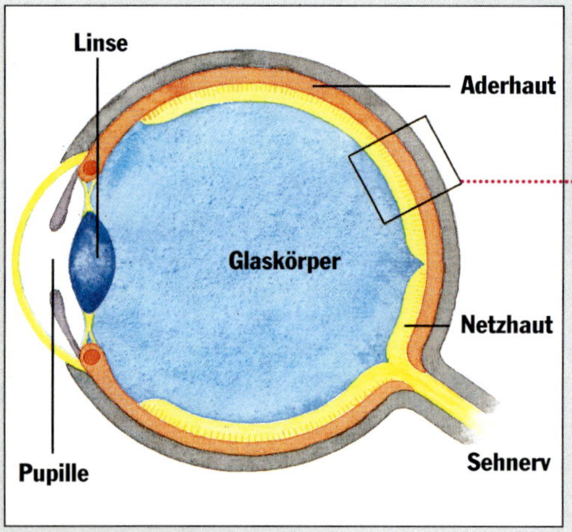

QUERSCHNITT DURCH DAS AUGE

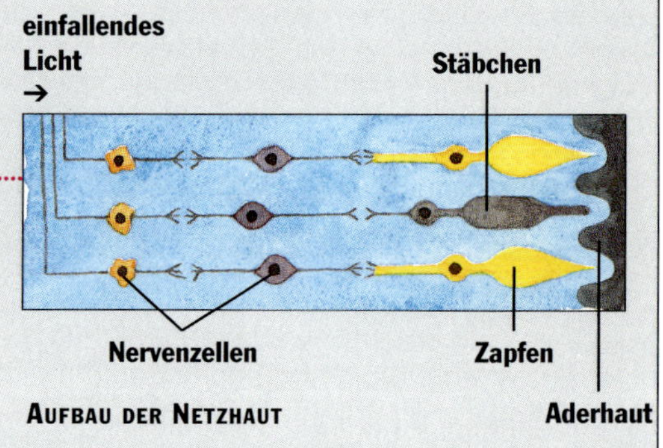

AUFBAU DER NETZHAUT

Das Auge erfaßt nichts anderes als Lichtintensität (helldunkel) und Farben, und doch liefert es eine Fülle von Informationen. Einzelwahrnehmungen wie Oberflächenstrukturen, Formen und Bewegungen werden jedoch erst im Gehirn anhand von Erfahrungswerten zu einem brauchbaren Bild der Welt zusammengesetzt. Der optische Apparat ist kompliziert, ungleich komplizierter ist aber die Verarbeitung durch ungezählte Nervenschaltstellen und im Gehirn.

Das optische Auflösungsvermögen

Den Leistungen des menschlichen Auges sind durch die begrenzte optische Auflösung natürliche physikalische Grenzen gesetzt, wenn die betrachteten Objekte sehr klein sind. Denken Sie an den Rasterdruck einer Zeitung: alles, was feiner strukturiert ist als das Raster, verschwimmt. Das Raster des menschlichen Auges sind die Lichtsinneszellen auf der Netzhaut, ihre Dichte begrenzt die Trennschärfe der Wahrnehmung. Liegen zwei sehr feine Punkte sehr eng nebeneinander, werden sie nicht mehr einzeln wahrgenommen, sondern verschwimmen. So erscheint eine Papieroberfläche mit bloßem Auge ziemlich glatt, in zehnfacher Vergrößerung offenbart sich aber schon ihre faserige Struktur, und der vermeintlich exakte Tintenstrich wird zu einem unordentlich ausgefransten, langgezogenen Klecks. Daher kann man leider (oder zum Glück) Bakterien nicht mit bloßem Auge sehen, und schon gar keine Moleküle, selbst wenn es sich um sehr kompliziert gebaute organische Stoffe handelt, dazu bedarf es eines Elektronenmikroskops.

Trübungen im Wein

Im Wein sind alle erwünschten Inhaltsstoffe – Zucker und Alkohol, Säuren, Farb- und Aromasubstanzen und vieles andere mehr – in gelöster Form enthalten, d. h. sie schweben als Moleküle in der Flüssigkeit. Im Durchlicht muß der Wein daher völlig klar erscheinen. Sind Trübungen erkennbar, also fein verteilte schwebende Partikel, dann handelt es sich um Verklumpungen von meist unerwünschten Stoffen – im harmlosen Fall sind das Gerb- und Farbstoffe in älteren Rotweinen, die unschädlich sind, vielleicht aber auch Bakterienklumpen, die auf eine mikrobielle Verseuchung hinweisen.

Mit dem Auge lassen sich Farben erkennen, aber nicht nur die Farben als solche, sondern auch Farbmischungen bis hin zu feinsten Abtönungen, Verunreinigungen und Farbintensitäten, also Tiefe oder Blässe einer Farbe.

Die Farbwahrnehmung ist nicht objektiv

Das Auge läßt sich aber auch leicht täuschen, denn es sieht die Objekte nicht für sich allein, sondern im Verhältnis zur Umgebung. Nehmen Sie nur einmal etwas Grünblaues (oder Blaugrünes) zur Hand, ein Kleidungsstück vielleicht. Halten Sie es vor einen tiefblauen Hintergrund – es erscheint zweifelsfrei grün. Plazieren Sie es dann vor eine grasgrüne Fläche – jeder würde sagen, es ist blau. Auch das Auge, so präzise es auch in seiner Wahrnehmung ist, sieht keine absoluten Wahrheiten, sondern Kontraste und Relationen.

Gehen Sie so nahe wie möglich an eine Lampe heran, und schließen Sie die Augen. Sie sehen Orangerot, weil das Licht die gut durchbluteten Augenlider durchstrahlt (direkt mit der Sonne funktioniert das Experiment noch besser, aber die ist ja leider nicht immer verfügbar). Warten Sie eine Weile, und genießen Sie die angenehm warme Farbe. Dann wenden Sie sich von der Lichtquelle ab und öffnen sofort die Augen – die ganze Welt ist in Blau getaucht. Das Auge hat sich an die Gelbrottönung gewöhnt und gleicht sie unbewußt aus. Fällt der Gelbton dann weg, wird Blau stärker als normal wahrgenommen. Das Auge braucht eine Weile, bis es den ausgewogenen Normalzustand wiederhergestellt hat. In einem ähnlichen wechselseitigen Verhältnis stehen übrigens auch die Farbeindrücke Rot und Grün.

Beleuchtung bei der Weinprobe

Daraus läßt sich ableiten, wie bedeutsam bei der Weinprobe die richtige Beleuchtung ist. Hell soll sie sein, aber nicht grell. Weil das Auge sich anpaßt, ist absolut weißes Licht nicht notwendig – vor allem aber auch nicht wünschenswert, weil außerordentlich kalt und unbehaglich. Im privaten Rahmen sollten Sie nur darauf achten, daß Sie den Wein möglichst immer bei gleichen Lichtverhältnissen betrachten, am besten bei Lampenlicht, das an einer weißen Oberfläche (hier bietet sich ein glattes, ungemustertes weißes Tischtuch ideal an) reflektiert wird.

Selbstverständlich ist farbiges Glas bei einer ernsthaften Weinprobe verpönt. Es stört nicht nur die eigentliche Farbwahrnehmung, sondern beeinflußt auch unterschwellig die Empfindungen. So empfindet man Blautöne als kühl und hart, Gelbtöne als warm und weich – entsprechend kann eine Glastönung den (vermeintlichen) Geschmackseindruck beeinflussen oder zumindest ein Gefühl der Unstimmigkeit auslösen.

Weinfarben

Der Weißwein wird, was die Farbe betrifft, oft etwas stiefmütterlich behandelt. Dabei ist sein Farbspektrum bei genauem Hinsehen sehr vielfältig, es reicht von Zartgrün über Hellgelb bis zum tiefen Goldton. Ein vielbesprochenes, ja vielbesungenes Thema hingegen ist das Rot des Weines – spielt doch die Farbe Rot im menschlichen Bewußtsein eine ganz besondere Rolle: Rot wie Blut, Rot wie die Liebe, Rot wie Gefahr. Keiner kann sich wohl der Faszination eines tiefroten Weines im Glase entziehen: funkelnd, unergründlich – eine Farbe, die Begehrlichkeit weckt.

Die blassen Deutschen

Der deutsche Rotwein ist in dieser Hinsicht übrigens von Natur aus etwas benachteiligt. Denn die Bildung der roten Farbstoffe (Pigmente) in den blauen Beerenschalen (das Beeren*fleisch* der blauen Traubensorten ist ebenso farblos wie das der weißen) ist abhängig von intensiver Sonnenbestrahlung. Deutsche Rotweine geraten daher im Vergleich zu den südländischen oft etwas heller, mit einer blassen Farbe verbindet man aber spontan, oft zu Unrecht, auch einen „blassen", leichten Wein. Um solche Voreingenommenheit zu umgehen, behilft sich der Winzer gelegentlich mit dem Zusatz von Färbertrauben, eigens zu diesem Zweck gezüchteter farbintensiver Rotweinsorten, die dem Wein die begehrte Farbtiefe verleihen. Aber, ob nun dunkel- oder hellrot: lassen Sie sich nicht täuschen – dafür haben deutsche Rotweine ganz eigene geschmackliche Qualitäten, die sich auf der Zunge und am Gaumen erweisen. Doch dazu im folgenden mehr.

Unbestechlich, mit Tiefenwirkung – der Geruchssinn

Die Nase des Menschen ist heutzutage ein geradezu verkanntes, zumindest aber vernachlässigtes Sinnesorgan, denn ihre beeindruckenden Leistungen spielen im modernen Alltag eine eher untergeordnete Rolle. Im Vergleich zu den kompliziert gebauten Sinnesorganen Auge und Ohr ist der Geruchssinn sehr einfach in seiner Funktionsweise und doch besonders interessant, denn er beeinflußt den Menschen in hohem Maße über das Unterbewußtsein. Von allen Empfindungen wirkt keine so unmittelbar auf Stimmung und Gefühlsregungen wie die Geruchswahrnehmung. In diesen Tiefenschichten menschlicher Wahrnehmung entwickeln sich nicht zuletzt spontane zwischenmensch-

Ein guter Wein verrät sich schon am Duft

liche Beziehungen. Der Spruch „Den kann ich nicht riechen" hat einen sehr realen Hintergrund. So werden Antipathien begründet, noch bevor das erste Wort gesprochen ist. Der Geruchssinn wird damit zu einem wesentlichen Steuerungssystem des sozialen Umgangs.

In vielen Redewendungen kommt die elementare Bedeutung des Geruchssinnes zum Ausdruck: Weil es wichtig ist, möglichst schnell zu erfahren, ob die Luft rein ist, ob etwas in der Luft liegt oder gar zum Himmel stinkt, muß man wissen, woher der Wind weht und dabei den richtigen Riecher haben. Und man sollte sich erst einmal beschnuppern oder in eine Sache hineinriechen, um rechtzeitig Unrat zu wittern ... Diese Redensarten zeigen: Man kann mit der Nase feinste Nuancen erahnen, gewissermaßen vorfühlen, was die unmittelbare Zukunft bringt.

Nasen-Training Eine einfache Entspannungsübung und nebenbei ein hervorragendes Training für den Geruchssinn: Halten Sie im Alltag gelegentlich einmal inne, um bewußt zu riechen.
Öffnen Sie das Fenster, schließen Sie die Augen! Wie riecht der Park zu verschiedenen Tageszeiten, bei Sonne, bei Regen? Prägen Sie sich den Geruch von Leder ein, von Holz, Erde, Früchten, Blüten.
Denken Sie überhaupt öfter mal an Ihre Nase! Ist Ihnen zum Beispiel schon einmal aufgefallen, daß es in verschiedenen Geschäften ganz unterschiedlich riecht – nicht nur beim Bäcker und beim Metzger, sondern auch im Schuhgeschäft oder im Buchladen ...?

ÜBUNG

Auch in der Weltliteratur wird der Geruchssinn überraschend häufig gewürdigt. Baudelaire verleiht ihm eine überwältigende Macht, die Vergangenheit heraufzubeschwören. Bei Balzac ist es die blumige Zartheit, die dem natürlichen Körpergeruch der Frau seine verführerische Ausstrahlung verleiht, und bei Zola regen Wohlgerüche des weiblichen Geschlechtes die Imagination nach Belieben an, enthüllen Zuneigungen, lassen das Blut in Wallung geraten.

Schon am Anfang des Lebens spielt der Geruchssinn eine ganz zentrale Rolle. Im Babyalter ist er stärker ausgebildet als

der Licht- oder Gehörsinn und bestimmt in erster Linie das Verhältnis zur Bezugsperson. Mit zunehmendem Alter tritt die Geruchswahrnehmung dann immer mehr in den Hintergrund, denn zum einen nimmt die Geruchsempfindlichkeit ab, vor allem aber kommt es zu einer Verdrängung durch die Vernunft-Sinne Sehen und Hören.

Geruchssinn und Erinnerung

Es ist daher nicht verwunderlich, daß der Geruchssinn beim Erwachsenen besonders intensive Kindheitserinnerungen wachruft. Wer kennt nicht solche merkwürdigen Phänomene: man läuft eine x-beliebige Treppe in einem Altbau hinauf, und ganz unvermittelt taucht der Schulraum der ersten Klasse vor dem inneren Auge auf, plötzlich sind Schulbänke und Schiefertafel wieder gegenwärtig – und nur, wer's weiß, erkennt: es war nichts weiter als der Geruch von Bohnerwachs auf dieser Treppe. Oder die Weihnachtszeit: Der Duft von Pfefferkuchen und Tannengrün wärmt die Seele durch die Erinnerung an glückliche Kindheitstage, und schon der Geruch einer einzigen ausgeblasenen Kerze vermag mehr auszulösen als ein ganzes Fotoalbum voller Bilder. Der Geruchssinn ist der Sinn der zärtlichen Erinnerung, wie schon um 1819 im Dictionnaire des Sciences Médicales zu lesen war.

Der Geruch beeinflußt unser Verhalten

Aber auch im Hier und Jetzt beeinflußt der Geruch den Menschen entscheidend in seinem Verhalten. Gute Düfte wecken angenehme Empfindungen, sie regen an, signalisieren Verlockendes, bringen auf andere Gedanken, verändern die Gestimmtheit. Ein wohlvertrauter Duft von Röststoffen? Plötzlich muß ein Brathähnchen her, das Wasser läuft schon im Munde zusammen (ein ganz automatischer, nicht zu unterdrückender Reflex)! Ein Schaumbad mit Blumenduft? Die Stimmung wird beschwingt wie bei einem Frühlingsspaziergang. Aber Gerüche sind auch unerbittlich: Anderen Sinneseindrücken kann man sich entziehen – die Augen schließen, die Ohren zuhalten, Berührungen ausweichen –, aber man

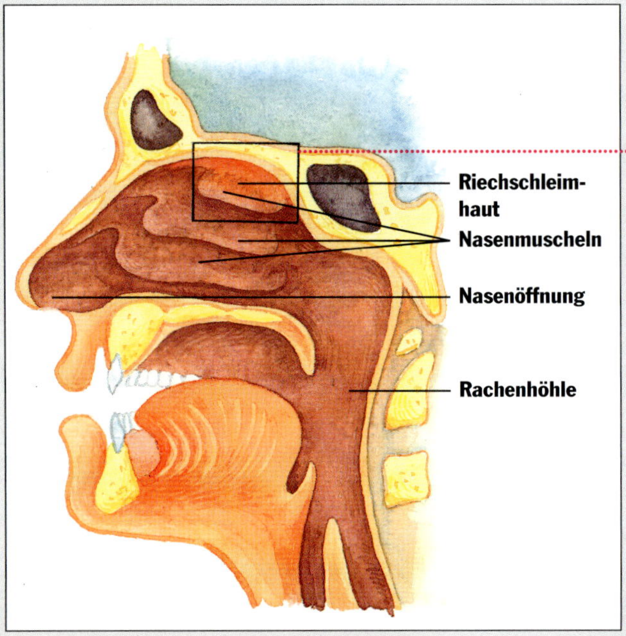

Lage der Riechschleimhaut

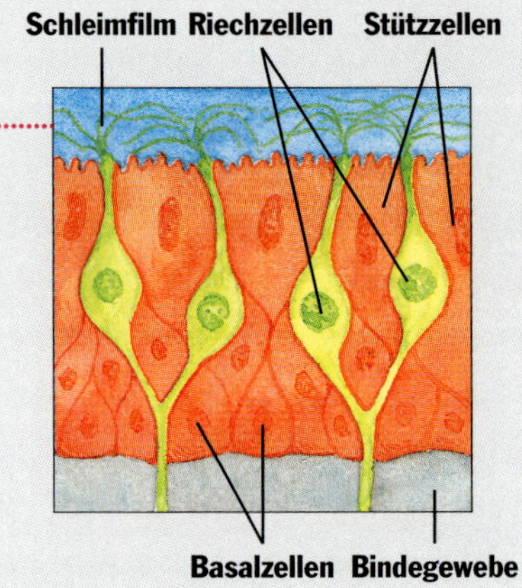

Riechepithel

kann nicht aufhören zu atmen und somit zu riechen. Das Augenwesen Mensch lebt auch in einer Riechwelt – nur weiß es das meistens nicht.

Wie funktioniert das Riechen?

Der Geruchssinn ist der chemische Fernsinn. Mit der eingeatmeten Luft werden Geruchsstoffmoleküle an die Sinneszellen herangetragen – im Gegensatz zum Geschmackssinn, dem chemischen Nahsinn, der durch direkten Kontakt der Zunge mit der Nahrung deren chemische Eigenschaften erkennt.

Es ist etwas oberflächlich zu behaupten, der Mensch rieche mit der Nase. Dieses prägende Element im Gesicht des Menschen in all seiner Vielgestaltigkeit ist nur das Eingangstor zum eigentlichen Ort der Duftwahrnehmung, der Riechschleimhaut.

Die Riechschleimhaut

Kaum größer als ein Zehnpfennigstück, liegt sie geschützt im obersten Teil der Nase, weit von den Nasenlöchern entfernt, so daß sie nicht dem unmittelbaren Atemluftstrom ausgesetzt ist. Die Duftstoffmoleküle reizen die Sinneszellen, die in der Riechschleimhaut versammelt sind, und der Reiz wird über den Riechnerv zur Weiterverarbeitung – d.h. zum eigentlichen Erkennen der Geruchsqualitäten – ins Gehirn weitergeleitet.

Beim normalen Einatmen gelangen die Riechstoffe zunächst in die beiden Nasenmuscheln und werden dann mit der Atemluft in die Lunge gezogen. Die Duftwahrnehmung ist dabei sehr unvollkommen, nur intensive Gerüche erreichen die Riechschleimhaut und lösen eine Empfindung aus. Sollen feine und feinste Duftstoffe deutlich wahrgenommen werden, müssen sie in der Nase gezielt an die richtige Stelle transportiert werden. Man erzeugt deshalb durch Schnüffeln Luftwirbel, die die Duftstoffe an die Riechschleimhaut führen. Eine optimale Riechempfindung wird dann erreicht, wenn man mit dem Zwerchfell kurze, kleine Atembewegungen erzeugt, ähnlich wie ein schnüffelnder Hund.

Geruchsleistungen

Dem allerdings ist der Mensch, was die Geruchsleistungen betrifft, um Längen unterlegen. Das Riechorgan des Menschen verfügt über etwa fünf Millionen Sinneszellen, während ein mittelgroßer Hund weit über 200 Millionen besitzt. Wenn eine Hundenase zum Riechen eines Stoffes 9 000 Duftmoleküle benötigt, so sind es beim Menschen sieben Milliarden Moleküle, also fast die 800 000fache Menge. Die feinen Aromastoffe von bestimmten Rauschgiften zum Beispiel kann der Mensch nicht wahrnehmen, für Hunde hingegen ist es kein Problem, die Drogen in Verstecken aufzustöbern, und noch dazu ein tierisches Vergnügen. So ist der Berufsstand der Polizeihunde auf Dauer gesichert, und der Mensch muß sich auf anderen Gebieten als Schnüffler betätigen.

Die Riechstoffe sind auch beim Ausatmen wahrzunehmen, weil sie mit dem Luftstrom von der Rachenhöhle aus in die Nase eindringen, und nicht zuletzt beim Schlucken, wenn der Nasen-Rachen-Verschluß geöffnet wird. Auf diese Weise wird vieles, was man zu schmecken glaubt, in Wirklichkeit gerochen.

Tatsächlich wird der Geruchssinn häufig in seiner Bedeutung unterschätzt, weil man einen erheblichen Teil seiner großartigen Fähigkeiten fälschlich dem Geschmackssinn zuordnet, der in Wahrheit nur die Qualitäten süß, sauer, bitter und salzig unterscheiden kann. Alle weiteren Geschmacksnuancen werden über den Geruchssinn wahrgenommen.

Was können wir riechen?

Die Zahl der vom Menschen unterscheidbaren chemisch reinen Geruchsstoffe – z. B. Aceton (Lösungsmittel), Benzaldehyd (Bittermandelaroma), Buttersäure (ranzige Butter, Schweiß) oder Schwefelwasserstoff (faule Eier) – läßt sich nur grob schätzen und dürfte bei etwa 2 000 bis 4 000 liegen. Berücksichtigt man allerdings auch die Zahl der unterscheidbaren Geruchsintensitäten und gar der Düfte, die sich aus verschiedenen Geruchsstoffen zusammensetzen, so kommt man auf Millionen von möglichen Geruchsempfindungen. Sind doch die zahllosen Gewürzdüfte und Aromen, die das Schnuppern erst zum Vergnügen machen, komplexe Gebilde aus zahllosen chemischen Verbindungen.

Zusätzlich erschwert wird die Geruchswahrnehmung durch die Tatsache, daß die Riechzellen sich sehr schnell an einen Geruch gewöhnen. Jeder hat schon einmal den Aufschrei eines Eintretenden gehört: „Was ist das hier für eine schreckliche Luft!“, und die Fenster werden aufgerissen – dabei hatte man sich in dem Raum ganz prächtig gefühlt. Außerdem wird die Fähigkeit zum Erkennen von Gerüchen in besonderem Maße von der Erfahrung bestimmt.

Düfte im Wein Wenn Sie noch wenig Erfahrung mit dem Wein-Schnuppern haben, darf es für den Anfang etwas Kräftiges sein: Besorgen Sie sich eine Auswahl von Bukettsorten – das sind Rebsorten mit besonders intensivem Duft, z. B. Gewürztraminer, Morio-Muskat oder Muskateller. Eine Beschreibung der Rebsorten finden Sie in der Übersicht S. 62 bis 68 – aber erst selbst schnüffeln, dann nachlesen!
Man braucht nicht unbedingt wie ein Weinprofi zu schnüffeln, um das Bukett des Weines zu erkennen. Das stoßartige Einatmen durch die Nase ist für den Anfänger oft so anstrengend, daß er sich darüber nicht mehr auf die Düfte konzentrieren kann. Auch langsames, sanftes Einatmen offenbart schon viele Nuancen. Jeder wird seine eigenen Erfahrungen machen, wie er den Wein am besten riechen kann.

ÜBUNG

Die Riechschwelle

Es überrascht daher nicht, daß die Duftwelt von Mensch zu Mensch sehr verschieden aussieht. Was der eine kaum wahrnimmt, ist für den anderen schon ein aufdringlicher Geruch: Die Wahrnehmungsgrenze für Düfte, die Riechschwelle, liegt für verschiedene Stoffe bei verschiedenen Menschen ganz unterschiedlich hoch. Allgemein läßt sich nur sagen, daß mit zunehmendem Alter eine Schwellenerhöhung eintritt, der Geruchssinn also unempfindlicher wird. Übrigens, bei Schnupfen oder Schleimhautentzündung sind die Duftstoffe kaum noch wahrzunehmen, und dies gilt insbesondere für die feinen Duftstoffe des Weines. Jeder hat schon einmal die deprimierende Erfahrung gemacht, daß bei verstopfter Nase das Essen nach nichts mehr schmeckt. Andererseits bietet sich dabei eine seltene Gelegenheit, direkt zu erleben, wie viel oder wenig die Zunge zum Geschmackserlebnis beiträgt.

Testlabor Zunge – der Geschmackssinn

Süß, sauer, salzig und bitter

Im Vergleich zu der Vielfalt der Aromen, die über die Riechschleimhaut wahrgenommen werden, erscheint die Zunge als eher grobes Sinneswerkzeug. Nur vier Grundqualitäten – süß, sauer, salzig und bitter – können hier erkannt werden.
Diese vier Geschmacksobertöne aber bilden den Rahmen, das Gerüst für all die feineren Empfindungen, die in der Nase angesiedelt sind. So spricht man beim Wein von einem Tanningerüst (Tannine sind Bitterstoffe), und die Fülle edler Aromen, die den großen Wein ausmacht, kann sich erst vor dem Hintergrund einer gesunden Süße-Säure-Basis entfalten. Ein Wein, bei dem diese grundlegenden Geschmackskomponenten nicht stimmen, kann niemals ein guter Wein sein, da helfen auch die feinsten Nuancen nicht.

Die Geschmacksknospen

Das eigentliche Geschmacksorgan auf der Zunge wird durch die Gesamtheit der etwa 2 000 sogenannten Geschmacksknospen gebildet. An ihrer Spitze befindet sich eine kleine Einsenkung, in die stiftartige feine Ausläufer der Sinneszellen münden. Hier erfolgt der eigentliche Kontakt zwischen den Geschmacksstoffen und der Sinneszelle. Spüldrüsen, die wie eine Wasserspülung funktionieren, reinigen die Geschmackspore für neu ankommende Nahrungsstoffe.
Die Zahl der Geschmacksknospen ist beim Neugeborenen am größten und nimmt dann stetig ab. So zeigt der hintere Teil des weichen Gaumens ebenso wie der Zungenrücken bei Jugendlichen noch einen gut ausgeprägten Geschmackssinn, während schon jenseits des 30. Lebensjahres in diesem Bereich eine Altersrückbildung zu verzeichnen ist.

Die Geschmackspapillen

Die Geschmacksknospen sind in die Oberfläche von unterschiedlich gestalteten Geschmackspapillen – das sind die mit bloßem Auge sichtbaren Zungenwarzen – eingebettet. Die

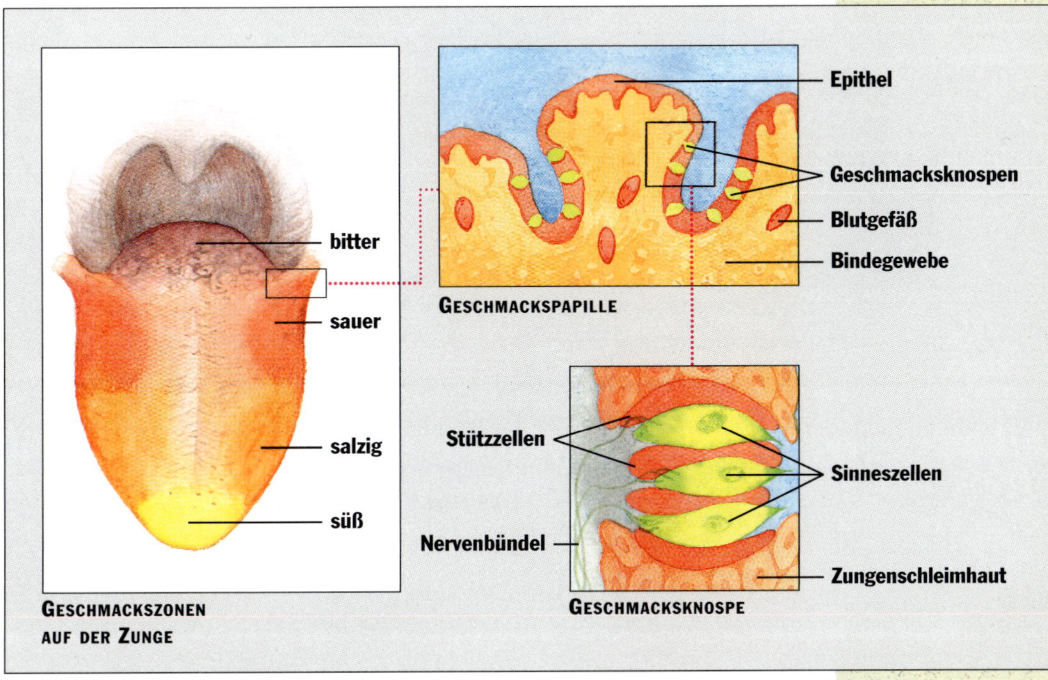

GESCHMACKSZONEN AUF DER ZUNGE

GESCHMACKSPAPILLE

GESCHMACKSKNOSPE

Papillenform hat deutlichen Einfluß auf die Sinneswahrnehmung. So haften Geschmackseindrücke im Bereich der Zungenwurzel, wo die sogenannten umwallten Geschmackspapillen in die Zunge eingesenkt sind, länger als vorn, wo die Geschmacksknospen auf pilzförmigen Papillen relativ frei stehen und der Geschmack daher früher und intensiver, aber nicht so nachhaltig wirksam wird. Deshalb spricht man bei einer Weinprobe gelegentlich vom schlechten Abgang eines Weines und hinten wegfallen, wenn eine intensive Geschmacksempfindung im hinteren Zungenbereich ausbleibt.

Die Geschmacks-zonen

Die vier Geschmacksqualitäten werden nicht etwa gleichmäßig auf der gesamten Zungenoberfläche wahrgenommen, sondern die Zunge ist in verschiedene spezialisierte Geschmackszonen aufgeteilt. So vermitteln die Zungenspitze

ÜBUNG

Selbsttest Geschmacksschwellenwerte Das genaue, bewußte Schmecken läßt sich üben und trainieren. Zum Beispiel können Sie Ihre persönlichen Geschmacksschwellenwerte auf einfache Weise zu Hause erproben.

Am besten geeignet für den Hausgebrauch sind weißer *Zucker* (Saccharose; Puderzucker ist besonders gut löslich) für den Süßgeschmack, *Kochsalz* (Natriumchlorid) für den Salzgeschmack und *Zitronensäure* (Drogerie oder Apotheke) für die Säureprobe. *Coffein* für den Bittergeschmack lassen Sie sich am besten direkt in fünf 0,05-Gramm-Portionen in der Apotheke abwiegen. Erklären Sie dem Apotheker Ihr Anliegen, denn reines Coffein ist eigentlich rezeptpflichtig.

Für die anderen Geschmacksstoffe lassen sich die gewünschten Konzentrationen zu Hause auf einer Digitalbriefwaage hinreichend genau abwiegen. Beginnen Sie jeweils mit 0,2 Gramm (auf einem gefalteten Stückchen Butterbrotpapier abwiegen, Papiergewicht abziehen) auf einen Liter geschmacksfreies Wasser. Gut umrühren! Probieren Sie einen Schluck. Ist ein Geschmack zu erkennen? Dann kommen weitere 0,2 Gramm hinzu usw. In wissenschaftlichem Sinne genau ist das Verfahren natürlich nicht, weil ja mit jedem Schluck ein wenig Wasser aus der Literflasche verschwindet, aber für unsere Bedürfnisse – schließlich geht es in erster Linie um die genaue Selbstbeobachtung – reicht es allemal.

Lassen Sie die Geschmacksprobe eine Weile auf die Zunge einwirken, und warten Sie ein wenig, bevor Sie die nächste Konzentration kosten. Beobachten Sie genau, ab wann Sie den Geschmack identifizieren können.

Als Anhaltspunkt: bei Geschmacksschwellenversuchen mit jeweils mehreren hundert Personen lagen die Wahrnehmungsgrenzen z. B. für *Saccharose* zwischen 0,5 und 4 Gramm pro

Liter (mit einem Maximum bei 2 Gramm), für *Kochsalz* zwischen 0,1 und 1 Gramm (mit Maximum bei 0,25 Gramm), für *Coffein* bei 0,1 bis 0,2 Gramm.
Erheblich aufwendiger, aber ein interessantes Gesellschaftsspiel ist die *Blindprobe.* Ziel ist es, eine Reihe von fünf unterschiedlichen Konzentrationen nach der Geschmacksintensität in die richtige Reihenfolge zu bringen.
Dazu brauchen Sie pro Geschmacksqualität fünf Literflaschen mit Etikett, gefüllt mit klarem Wasser, welches mit dem Geschmacksstoff in abgestuften Konzentrationen (etwa bei Ihrem Schwellenwert beginnend und um jeweils z. B. 1 Gramm ansteigend) versetzt wird; Konzentration auf dem Etikett notieren! Dann das Etikett verdecken (Papier oder Tuch darumwickeln), und die Reihenfolge der Flaschen vertauschen.
Nun versuchen Sie, die richtige Reihenfolge wieder herzustellen. Sie werden überrascht sein!

und der vordere seitliche Zungenrand die Eindrücke *süß* und *salzig, sauer* wird vorwiegend an der Zungenseite wahrgenommen und *bitter* ganz hinten am Zungengrund. In der Mitte der Zunge und an ihrer Unterseite sind praktisch keine Geschmacksorgane vorhanden, an diesen Abschnitten der Zunge werden lediglich Druckempfindungen sowie Temperatur und Konsistenz der Nahrung erkannt. Ganz geschmacksunempfindlich sind – zumindest beim Erwachsenen – auch die Lippen, die Wangenschleimhaut, das Zahnfleisch und der harte Gaumen.

Wieso wird Wein gekaut?

Damit bei der Weinprobe ein möglichst intensiver Geschmackseindruck entsteht, muß der Probeschluck auf der Zunge gleichmäßig verteilt werden. Der geübte Weinkenner bewerkstelligt dies durch ausgiebiges Schlürfen, „Kauen" und Hin- und Herrollen des Weines bei gleichzeitigem Einsaugen von etwas Luft. Eine professionelle Weinprobe ist daher stets ein beeindruckendes Geräuscherlebnis.

Die Geschmacksschwelle

Während schon wenige Moleküle bestimmter Riechsubstanzen ausreichen, um einen Geruchseindruck zu vermitteln, liegen die Geschmacksschwellen wesentlich höher. Es müssen teilweise drei bis vier Gramm einer Substanz auf einen Liter Wasser vorhanden sein, bevor überhaupt ein Geschmackseindruck zustande kommt. Dabei entsteht zunächst eine unbestimmte Empfindung, die noch keiner Geschmacksqualität zugeordnet werden kann; erst bei beträchtlich höheren Konzentrationen, jenseits der Erkennungsschwelle, wird die Identifizierung der Geschmackssubstanz möglich.

Merkwürdigerweise wird der Reizschwellenwert auch von der Witterung beeinflußt. Bei vielen Versuchspersonen wurde festgestellt, daß die Reizschwelle beim Durchzug von Kaltfronten niedriger liegt als unter dem Einfluß von Warmfronten. Besonders eklatant setzen Gewitter die Reizschwelle herab: Blitz und Donner schärfen den Geschmackssinn.

Was schmeckt die Zunge sonst noch?

Neben den Grundqualitäten süß, sauer, salzig und bitter kommen im täglichen Leben sehr häufig Mischungen dieser Geschmackskomponenten vor. Darüber hinaus schmecken Metalle und Metallsalze metallisch, und scharfe Gewürze, wie etwa der Pfeffer, verursachen ein brennendes Gefühl. Die Kälteempfindung von Menthol wird nicht über den Geschmackssinn vermittelt, sondern über temperaturempfindliche Sinneszellen in Mund und Rachen, sogenannte Thermorezeptoren.

Süsse, Säure, Bittergeschmack – die Geschmacksqualitäten im Wein

Süße Wie jeder leicht selbst erproben kann, löst ein Schluck Wasser mit aufgelöstem Kristallzucker eine charakteristische Empfindung an der Zungenspitze aus. Aber auch an den Mundschleimhäuten innen unterhalb der Unterlippe wird die Süße wahrgenommen. Bei Kleinkindern ist diese Süßregion viel ausgedehnter als bei Erwachsenen. Die Empfindung von Süße führt zur Ausscheidung eines dickflüssigen, klebrigen Speichels. Im Wein wirken nicht nur verschiedene Arten von Zucker, sondern auch Alkohol und Glyzerin auf der Zunge süß.

Säure Die Empfindung von Säure reizt besonders die Zungenränder, aber auch die inneren Schleimhäute der Wangen werden leicht erregt. Sie zieht das Zahnfleisch zusammen und läßt reichlich dünnflüssigen Speichel fließen. Diese Beobachtungen kann man mit einem zu grünen Apfel ebenso machen wie bei einem essigsauren Salat.

Ohne Säure geht es nicht

Säure ist ein elementarer Bestandteil des Weines. Ein „saurer" Wein ist ungenießbar, kratzig, aber ein Wein, dem es an Säure mangelt, wirkt schlaff, ausdruckslos und fade. Darüber hinaus kommt es aber beim richtigen Säuregehalt weniger auf die Säuremenge im Wein an als vielmehr auf das Verhältnis von Säure und Süße (siehe Übung „Süße und Säure" S. 32). Man denke nur an saure Drops oder Zitronenlimonade: Zucker und Säure müssen harmonisch ausgeglichen sein, dann ist die Süße köstlich und die Säure gibt den gewissen Pfiff, das gewisse Etwas. Und ganz ähnlich ist es auch beim Wein.
Wenn Sie der Süße und der Säure im Wein auf der Spur sind, dann beachten Sie auch, daß

ÜBUNG

Süße und Säure im Wein Wieviel Süße im Wein als angenehm empfunden wird, ist in hohem Grade Geschmackssache. Dennoch gibt es eine feine und eine plumpe Süße, eine edle, harmonische und eine klotzige, dicke, aufdringliche. Wie die Süße im Wein wirkt, hängt dabei ganz wesentlich vom Säuregehalt ab, und es erfordert einiges an Konzentration, Säure und Süße im Gesamt-Geschmacksbild auseinanderzuhalten und zu bewerten.

Für unseren kleinen Kurs zum Thema „Süße und Säure" sind generell Weißweine am besten geeignet. Sie sind im Geschmacksbild übersichtlicher, weil der Gerbstoff keine nennenswerte Rolle spielt, und werden stärker durch Süße und Säure geprägt.

Kaufen Sie am besten zunächst einmal drei einfache Weine, die als „lieblich", „halbtrocken" und „trocken" deklariert sind (in Kaufhäusern und Supermärkten ist die Geschmacksrichtung, d. h. der Süßegrad der Weine, häufig angegeben, z. B. durch das „Deutsche Weinsiegel": rot = lieblich (süß), grün = halbtrocken, gelb = trocken). Für das süßearme Extrem der Skala brauchen Sie einen „knochentrockenen", durchgegorenen Wein, z. B. einen mit der Aufschrift „Für Diabetiker geeignet". Damit kommen Sie fürs erste aus. Aufschlußreicher wird die Probe allerdings, wenn Sie noch etwas tiefer in die Tasche greifen. Leisten Sie sich eine trockene Spätlese, außerdem einen spritzigen Halbtrockenen der guten Mittelklasse, am besten einen Riesling. Und schließlich – daran führt bei einer Süßwein-Probe kein Weg vorbei – sollten Sie auch eine 0,5-Liter-Flasche eines süßen Edelweines probieren, z. B. eine Beerenauslese, nicht älter als fünf Jahre. Vergleichen Sie dann auch jeweils die „gehobene" Variante gegen die einfache der gleichen Geschmacksrichtung!

Konzentrieren Sie sich erst einmal ganz auf die Wahrnehmung der Süße, die vor allem in den ersten Sekunden den Geschmackseindruck beherrscht: können Sie den unterschiedlichen Zuckergehalt erkennen?
Der Säuregeschmack entwickelt sich etwas langsamer, und die Unterschiede zwischen den verschiedenen Weinen sind viel geringer.
Dann lassen Sie das Geschmacksbild insgesamt auf sich wirken: ist der Wein harmonisch, ausgewogen?
„Trocken“ heißt „süßearm“. Das heißt, die Säure tritt vergleichsweise klar und unverdeckt zutage, sie kann sich nicht in ein sanftes, gefälliges Zuckerpolster schmiegen. Trockene Weine sind ehrliche Weine – nicht immer zu ihrem besten: ein billiger trockener Wein läuft viel eher Gefahr, auch „billig“ zu schmecken, als ein billiger halbtrockener.
Auch wenn Sie eigentlich süße Weine nicht besonders schätzen, werden Sie sehr wahrscheinlich nicht darum herumkommen, die feine, harmonische Süße der Beerenauslese anzuerkennen. Vielleicht werden Sie sogar unverhofft zum Anhänger süßer Edelweine.

Erst süß, dann sauer

die Geschmacksempfindungen etwas zeitlich versetzt eintreten: in den ersten zwei bis drei Sekunden ist die Süße sehr vorherrschend, erst nach etwa fünf Sekunden tritt die Säure langsam in den Vordergrund, während die Süßeempfindung zurückgeht.

Bitter Die Empfindung „bitter“ – definitionsgemäß der Geschmack einer Coffein- oder Chininlösung – gibt es strenggenommen im Wein nicht; wenn sie dennoch vorkommt, so

Gerbstoffe: bitter und rauh

deutet das auf einen Weinfehler hin. Im Wein können aber Vertreter aus der Familie der Gerbstoffe dem Bittergeschmack nahe kommen. Im sauren Umfeld, wie es im Wein herrscht, wirken Gerbstoffe weniger bitter als vielmehr adstringierend, d. h. zusammenziehend, und erzeugen auf den Mundschleimhäuten ein rauhes Gefühl (wohlbekannt von einfachen südländischen Rotweinen, die man im Ursprungsland zu fetten, stark gewürzten Grillgerichten trinkt und zu diesem Zweck durchaus genießen kann).

In der zeitlichen Folge der Geschmacksempfindungen entwickeln sich die bitteren Töne zuletzt, was auf der Hand liegt, wenn wir uns an die Anordnung der Geschmackszonen auf der Zunge erinnern.

Gerbstoffe, auch Tannine genannt, stammen im wesentlichen aus den Traubenstielen, den Beerenschalen und den -kernen. Wahrscheinlich haben Sie schon einmal den Kern einer Weintraube zerbissen und den bitteren Geschmack gespürt. Zusammen mit den roten Farbstoffen, welche ausschließlich aus Beerenschalen stammen (das Beerenfleisch blauer Trauben ist überwiegend weiß, s. S. 42), gelangen sie bei der Maischegärung und beim Preßvorgang in die Rotweine, wo sie zum natürlichen Geschmacksbild gehören. In Weißweinen hingegen sind schmeckbare Tannine unerwünscht. In Weinen aus südlichen Ländern sind Gerb- und Farbstoffe – bedingt durch Traubensorten und Klima – ausgeprägter als in Rotweinen, die nördlich der Alpen gewachsen sind.

Tannine gehören zum Rotwein

ÜBUNG

Tannine im Rotwein Besorgen Sie sich einen billigen, jungen, herben südländischen Cabernet Sauvignon (eine Rebsorte) und zum Vergleich z. B. einen reifen, weichen Merlot oder Pinot Noir mit der Aufschrift AC, Grand Cru o. ä. (Qualitätsstufen vergleichbar unseren Q.b.A., Spätlesen etc.). Das ist ein nicht ganz billiges Vergnügen, am besten lassen Sie sich vom Weinhändler beraten. Außerdem sollten Sie zwei deutsche Rotweine kaufen, z. B. einen jungen, gerbstoffreichen Lemberger und einen reifen, milden Spätburgunder.
Im typischen Falle ist der einfache, nicht ausgereifte südländische Rotwein ein rechter Rachenputzer, rauh und pelzig auf den Schleimhäuten, der edle, reife Rotwein hingegen, obwohl ebenfalls gerbstoffreich, wirkt kraftvoll, warm und harmonisch. Im Vergleich dazu schmecken deutsche Rotweine samtiger, delikater, saftiger. Von Anhängern des südlichen, schweren Rotweines werden sie daher gelegentlich als „rote Weißweine" verspottet. Eine oberflächliche Sicht, denn deutsche Rotweine schmecken zweifellos beträchtlich anders als deutsche Weißweine, natürlich auch anders als französische Rotweine – sie sind eben etwas Eigenes. Entscheiden Sie selbst, was Ihnen schmeckt!

Was verrät der

Wein im Glas?

Bisher war unser Blickwinkel vorwiegend auf den weintrinkenden Menschen und seine Sinnesausstattung gerichtet. Im folgenden ist die Fragestellung umgekehrt: Wie läßt sich ein Wein mit Hilfe der Sinne beurteilen?
Wenn übrigens im folgenden vom Prüfen und Beurteilen die Rede ist, dann sollte das nicht zu wörtlich genommen werden. Es geht nicht etwa um eine Bewertung, die sich anmaßt, allgemeingültig zu sein, sondern um die ganz persönliche Untersuchung des Weines: Schmeckt der mir, ist er der richtige für mich, für einen bestimmten Anlaß? Ziel ist es, einen Wein kennenzulernen, zu verstehen und in all seinen Höhen und Tiefen zu erfassen.

Wie komme ich zu objektiven Ergebnissen?

Das kann nur gelingen, wenn man gezielte Fragen an ihn stellt. Die altbewährte Reihenfolge dieser Befragung wurde schon weiter vorne erwähnt: Color – Odor – Sapor. Erst betrachten, dann schnüffeln, und erst zuletzt kosten!

Die Prüfung mit den Augen

Diese erste Sinnesprüfung hat die Aufgabe, den Wein auf Farbtönung, Farbreinheit und Klarheit zu untersuchen, denn diese Faktoren können schon viel über seine Eigenschaften aussagen. So ist eine wirklich brillante, strahlende Farbe oft genug ein erster Hinweis auf ein großes Gewächs, Trübungen hingegen können eine falsche Behandlung anzeigen, Braunfärbungen einen überalterten Wein.

Klarheit

Halten Sie das Glas immer am Stiel, so bleibt es sauber und durchsichtig. Die Oberfläche des Weines sollte hell spiegeln. Erscheint sie matt, schillernd oder fleckig, muß der Wein näher untersucht werden.

Heben Sie das Glas nun gegen das Licht. Dunkle Wolken oder anhaltende Trübung durch undefinierbare Substanzen sind ein schlechtes Zeichen. Solche Weine – wenn sie nicht sehr viele Jahre auf dem Buckel haben – geben Sie am besten dem Lieferanten zurück. Handelt es sich um einen Rotwein, sollten Sie aber vorher prüfen, ob Sie ihn vielleicht erst vor kurzem unter fröhlichem Geschüttel aus dem Keller geholt haben oder ob die Flasche vor dem Öffnen sehr ausgiebig gedreht, gewendet und beäugt wurde. In alten Jahrgängen ist nämlich oft ein teilweise puderförmiger Bodensatz von ausgefälltem Farbstoff und Tannin anzutreffen, der durch die geringste Erschütterung aufgewühlt wird. Lassen Sie den Wein einige Zeit ruhen, dann wird er wieder klar. Weißweine müssen in jedem Fall glanzhell, d. h. blitzblank und völlig durchsichtig sein.

Kleine, meist durchsichtige Ausscheidungen in kristalliner Form sind in weißen, seltener in roten Weinen anzutreffen. Es handelt sich um ausgefällte Weinsäure in Weinen, die aus vollreifem Lesegut hergestellt wurden. Der sogenannte Weinstein ist das Resultat eines Prozesses, der eigentlich beim Reifen im Faß hätte stattfinden sollen. Zurückzuführen ist er auf eine frühe Abfüllung in die Flasche oder abrupte starke Kälteeinwirkung. Die Diamanten im Wein sind lediglich ein optischer Schönheitsfehler und beeinträchtigen den Geschmack des Weines nicht.

Weinstein – die Diamanten im Wein

Die Konsistenz des Weines

Auch die Konsistenz des Weines läßt Rückschlüsse auf seine Qualität zu. Wertvolle Weine lassen nach dem Schwenken an der Glaswand schwere Tränen hinunterrollen, die sich in Gestalt schmaler oder breiterer Kirchenfenster ausformen. Dieses Phänomen kann durchaus als zuverlässiger Hinweis auf den Extraktreichtum gelten.

Je ausgeprägter die „Fenster“, desto höher ist der Glyzeringehalt. Glyzerin zählt zu den wichtigsten Inhaltsstoffen des Weines, da es ihn vollmundig und rund macht. Auch die ölige Konsistenz (Dickflüssigkeit) geht unter anderem auf einen hohen Glyzeringehalt zurück. Glyzerin ist ungiftig und in reinem Zustand eine farblose, sirupähnliche Flüssigkeit. Im Wein ist es als Nebenprodukt der alkoholischen Gärung in Mengen von etwa 6 bis 10 Gramm pro Liter enthalten. Beeren- und Trockenbeerenauslesen formen besonders schöne Bögen, da der Botrytis(Edelfäule)-Pilz, der diesen Weinen ihren besonderen Charakter verleiht, schon in den reifenden Trauben Glyzerin bildet.

Bei der Beurteilung der Weinkonsistenz ist aber zu beachten, daß der Eindruck durch nachlässig gespülte Gläser verfälscht werden kann. Durch Behandlung mit zuviel Spülmittel wird die Oberflächenspannung beseitigt und die Schlierenbildung dadurch verhindert.

Kirchenfenster, die nach dem Schwenken an der Glaswand zurückbleiben, sind ein gutes Zeichen

Zur Beurteilung der Weinfarbe halten Sie das Glas etwas schräg und betrachten es von oben vor weißem Hintergrund. Auf diese Weise werden auch dunkelrote Weine durchschaubar.

Die Farbintensität des Weines

Es ist nicht immer einfach, die Farbtiefe von zwei Weinen zu vergleichen. Füllen Sie zwei Gläser bis zur gleichen Höhe, und betrachten Sie sie direkt nebeneinander vor einer weißen Unterlage. Man kann auch ein Licht so hinter den Gläsern plazieren, daß der Glasinhalt einen farbigen Schatten auf den Untergrund wirft. Die Sattheit oder Blässe einer Farbe wird zum einen durch Rebsorte und Herkunft des Weines bestimmt – beispielsweise wird der beste schwäbische Trollinger niemals so intensiv gefärbt sein wie ein südfranzösischer Cabernet Sauvignon oder Merlot –, aber innerhalb dieser vorgegebenen Grenzen erlaubt die relative Farbtiefe interessante Rückschlüsse. So wird ein Rotwein von satter, dunkler Farbe sicher einen überdurchschnittlichen Tanningehalt aufweisen, man kann einen kräftigen, kernigen Tropfen erwarten. Eine solche Farbe ist nur bei einwandfrei produzierten Weinen aus einem sonnenverwöhnten Jahrgang möglich. Das Gegenteil ist bei blassen Rotweinen (gleicher Sorte und Herkunft) der Fall: Sie lassen auf einen zu hohen Hektarertrag schließen, auf zu schnelle Maischegärung oder ein klimatisch ungenügendes Weinjahr, in dem die Trauben nicht zur Vollreife gelangten; die Beerenschalen sind dann ungenügend mit Farbstoffen ausgestattet.

Die Weinfarben

Nach der Farbe werden die Weine bekanntlich den drei Kategorien Rotwein, Rosé oder Weißwein zugeordnet. Bei aufgespriteten, d. h. mit reinem Alkohol versetzten Weinen ist die Zuordnung manchmal nicht auf Anhieb eindeutig: so ist z. B. der Sherry seiner Herkunft nach ein Weißwein, zeigt sich jedoch in strohgelber bis hin zu brauner Farbe. Portwein kann rot oder weiß sein und von Dunkelviolett bis zum bleichen Braungelb schimmern.

Rotwein

Was wir als Rotwein kennen, zeigt sich in den unterschiedlichsten Farbtönen von Violettrot über alle Schattierungen von Gelbrot und Blaurot bis hin zu Mahagoni oder gar Bernstein. Diese Farbtönung ist einerseits durch das Klima bedingt, also abhängig von Jahrgang und geographischer Herkunft, andererseits kann der Kellermeister durch die Zeitspanne, in der der Traubenmost auf den Beerenschalen bleibt, die Intensität der Farbe bestimmen. Denn die rote Farbe des Weines stammt ausschließlich aus den Beerenschalen, deren Farbstoffe bei der sogenannten Maischegärung durch den Alkohol herausgelöst werden. Man kann daher aus blauen Trauben durchaus auch Weißweine machen, wenn man den Most sehr schnell von den Beerenschalen trennt – „weiß gekeltert“ nennt sich so ein Wein. Schließlich spielt das Alter des Weines eine zentrale Rolle: mit den Jahren nehmen die Blautöne ab, die Brauntöne zu.

Querschnitt durch eine Rotweintraube

Roséwein

Weine, die als Roséweine (nach dem alten Weingesetz Rosee geschrieben) bezeichnet werden, können sich in Farbton und Farbtiefe erheblich unterscheiden. Jede Weinregion hat ihren eigenen Stil, der von der Rebsorte und der Weinbereitung abhängt. Die weitaus meisten Rosés werden ausschließlich aus blauen Trauben gewonnen, wobei man die Beerenschalen so lange im Gärmost beläßt, bis ausreichend rote Farbe extra-

hiert ist. Nur bestimmte Spielarten, z. B. der württembergische Schillerwein oder Badisch Rotgold, werden durch Verschnitt von Rot- und Weißweintrauben, -most oder -weinen erzeugt.
Die Hellfarbigkeit der Rosés gibt ihnen ihren besonderen beschwingten Charme. Man trinkt sie in der Regel am besten jung, denn mit den Jahren verlieren sie ihre Frische in der Farbe wie im Geschmack.

Weißwein

Alle Weißweine enthalten Spuren von gelben Farbpigmenten, meist jedoch in sehr geringer Konzentration. Die Färbungen reichen vom blassen Gelbgrün über tiefere Gelbschattierungen bis hin zu Goldgelb und Bernsteinbraun.
Trockene Weißweine beginnen ihr Leben üblicherweise mit bleichen Farbtönen und gewinnen – im Gegensatz zu den Rotweinen – mit dem Alter an Farbintensität. Junge Süßweine zeigen ausgeprägte Gelbtöne, die im Laufe der Zeit in ein Gold übergehen und im Alter dann Braunspuren durchscheinen lassen.

Weißweine

Bleiches Gelbgrün

Aufgrund von Chlorophyll(Blattgrün)resten aus dem Reblaub ist bei jugendlichen Weinen eine deutliche Grünfärbung weit verbreitet. Als spezielles, wenn nicht gar charakteristisches Kennzeichen gehört sie z. B. zu einem jungen Moselgewächs. Selten ist ein grüner Farbton dagegen in Weißweinen, die in einem heißen Klima gewachsen sind.

Strohgelb

Eine gefällige, lebendige Farbe, besonders bei trockenen Weinen häufig anzutreffen.

Goldgelb

Häufig bei edelsüßen Weißweinen wie Beeren- und Trockenbeerenauslese oder dem französischen Sauternes.

Gelbbraun

Die Farbe vieler Dessertweine. In anderen Weinen weist eine Braun- oder Orangetönung auf ein beträchtliches Flaschenalter, auf Überreife oder gar Oxydation hin. Leichtere Weißweine nehmen nach etwa einem Jahrzehnt eine ungesunde Braunfärbung an. Einzig hochfeine edelsüße Weine widerstehen diesem Prozeß 30 und mehr Jahre.

Braun

Überalterte Weine jenseits der Genußfähigkeit, es sei denn, es handelt sich um einen Sherry oder um das Rostbraun eines alten Portweins.

Roséweine

Rosé

Der perfekte Roséwein sieht weder wie ein verwässerter Rotwein aus noch sollte er einen Einschlag von Orange oder Violett zeigen. Die Farbe Rosé muß klar als solche erkennbar sein.

Orange

Einige Rebsorten produzieren eine deutliche Orangetönung. Reines Orange ist unerwünscht, ein gefälliges Orange-Violett hingegen normal und typisch für manche Roséweine von der Loire; noch etwas deutlicher erscheint dieser Farbton in der Provence und im heißen Süden.

Nelken-Rosa

Lilafärbung im Roséwein ist unnatürlich. Jeder Verdacht auf Spuren von Blau in der Weinfarbe deutet auf einen ungesunden Zustand hin, wahrscheinlich verursacht durch eine metallische Verunreinigung.

Rotweine

Purpur
Ein purpurroter Wein (Rot mit Violetton) zeigt durch die Farbe seine Jugend oder Unreife an.

Rubinrot
Nach dem ursprünglichen Purpur wandelt sich die Farbe des reifenden Weines in Rubinrot. Der junge Portwein und vor allem die jungen Burgunder- und Bordeauxweine schimmern in dieser leuchtenden Farbe.

Weinrot
Das eigentliche Weinrot ist in reinster Form in einem Bordeaux anzutreffen, der sich zwischen Jugend und Alter befindet. „Bordeauxrot" ist denn auch eine vielverwendete Farbbezeichnung.

Granatrot
ist ein wünschenswertes Erscheinungsbild feiner italienischer Provenienzen.

Rotbraun
An der rotbraunen Farbe kann man den fortgeschrittenen Reifegrad des Weines ablesen. Bordeaux zeigt diesen Farbton mit fünf oder mehr Flaschenjahren, Burgunder ab drei Flaschenjahren. Je höher die Qualität eines Jahrganges, desto weiter wird der Beginn der Rotbraun-Färbung hinausgeschoben. Ein eindrucksvolles Beispiel hierfür wurde im Februar 1976 an einer „Historischen Weintafel" des Wein-

hauses Reichmuth in Zürich notiert: ein 1916er Château Clerc-Milon, heute Duhart-Milon-Rothschild, Pauillac, zeigte nach 60 Jahren noch nicht die geringste Braunfärbung, was auf eine erstklassige Lagerung schließen läßt, aber auch die Vermutung nahelegt, daß der Wein damals mit einem ungewöhnlich hohen Säuregrad in die Flasche kam.

Braun

Eine Spur von Braun im Wein läßt meist auf Hitzeeinfluß schließen. Dazu kann es kommen, wenn durch Erhitzen die Maischegärung vorangetrieben werden soll. Eine Braunfärbung kann auch durch Lufteinfluß in nicht spundvoll (bis zum Rand voll) gehaltenen Fässern entstehen.

Mahagoni

Ein eher mildes, feines Rotbraun, das die Vollreife anzeigt, etwa bei einem Flaschenalter zwischen 10 und 20 Jahren.

Tawny, „lohfarben“

Farbbezeichnung für Portweine. Der blasse Rot-Ton zeigt einen Zustand an, der erst nach vielen Jahren Faßlagerung durch Farbverlust erreicht wird – ein natürlicher, aber teurer Reifeprozeß. Bei Billigprodukten wird die begehrte Färbung durch Mischung von weißen und roten Ports erzeugt.

Bernsteinbraun

Deutet entweder auf ein hohes Alter des Weines hin oder aber auf eine verfrühte Alterung und/oder Oxydation. Ist das gesunde, rötliche Glühen eines Rotweins einmal erloschen, so ist der Wein in der Regel tot.

DIE PRÜFUNG MIT DER NASE

Der Geruchssinn wird in seiner Bedeutung für die Weinprobe oft unterschätzt. Voller Ungeduld führt der Neuling das Glas zum Mund, um endlich einen Schluck zu nehmen – und sieht dabei vielleicht den Wald vor lauter Bäumen nicht, statt den Wein mit Bedacht Schritt für Schritt zu befragen. Denn auch hier verrät der erste Eindruck oft am meisten.

Fremdgerüche

Ein Wein muß zunächst einmal nach Wein riechen, rein und unverfälscht. Denkt man beim ersten Geruchskontakt an Essig, Holzspäne, Mandelkerne oder andere deutlich erkennbare Fremdgerüche, muß ein inneres Warnsignal aufleuchten. Der Wein ist fehlerhaft, im Extremfall sogar ungenießbar, z. B. bei einem ausgeprägten Essigstich (verursacht durch Befall mit Essigbakterien) oder Böckser (Geruch nach faulen Eiern). Auch ein Schwefelgeruch (wie heißgeriebene Haut), ein lösungsmittelartiges Aroma oder ein muffiger Korkengeruch sind gar nicht so selten.
Sind derart unerfreuliche Düfte nicht festzustellen, kann man zu den angenehmeren Aromen übergehen.

Alle Düfte der Natur

Wein besitzt im Gegensatz zu Fruchtsäften kein intensives, typisches Gesamtaroma (ausgenommen Weine aus bestimmten Traubensorten mit ausgeprägtem Duft, z. B. aus Muskatellertrauben). Dabei hat das Ausgangsprodukt der Weinbereitung, der Traubensaft (Most), bei weitem noch nicht die Geschmacksfülle des Weines. Erst durch die alkoholische Gärung und die anschließenden Reifungsprozesse verwandelt er sich in das einmalige Getränk, dessen Duftelemente aus den verschiedensten Bereichen der Natur entliehen zu sein scheinen. Blumen, Früchte, Hölzer, Kräuter, Gewürze und viele

andere Aromen sind im Wein enthalten, aber meist bis an die Grenze unseres Wahrnehmungsvermögens verdünnt.
Für den Anfänger besteht die erste Schwierigkeit darin, die Vielfalt, Vermischungen und Feinheiten der Aromen, die ihm im Wein begegnen, zu entwirren. Einen Duft herauszufinden – selbst an der Grenze seiner Wahrnehmbarkeit – ist verhältnismäßig einfach, wenn er allein auftritt, eine ausgeprägte Eigenart besitzt – und wenn man ihn kennt.
Eine Auswahl von Duftstoffen, die im Wein häufig anzutreffen sind, ist in der Tabelle „Duftkomponenten" aufgelistet. Hier können Sie sich Anregungen holen, wenn der anfangs sehr häufige Fall eintritt und Sie sich fragen: „Den Geruch kenn' ich genau, aber was ist das bloß!?"

Beispiele für Duftkomponenten im Wein

Blüten	Obst	andere Pflanzen	sonstige Duftnuancen
Chrysantheme	Ananas	Anis	Amber
Geißblatt	Apfel	Bittermandel	Bienenwachs
Goldaster	Aprikose	Harz	Butter
Holunderblüte	Banane	Haselnuß	Honig
Klee	Birne	Heu	Moschus
Liguster	Erdbeere	Kaffee	Rauch
Pfingstrose	Himbeere	Kakao	Teer
Reseda	Johannisbeere	Kokos	
Rose	Kirsche	Pfefferminze	
Veilchen	Pfirsich	Pilze	
Weißdorn	Pflaume	Süßmandel	
Wildrose	Sauerkirsche	Tabak	
	Stachelbeere	Vanille	
	Zitrone	Zimt	

Schwenken – aber wohldosiert

Auch der Laie weiß: durch Schwenken werden Duftstoffe aus dem Wein freigesetzt. Fangen Sie aber nicht sofort nach dem Eingießen an, das Glas heftig zu drehen und zu schütteln. Schnuppern Sie erst einmal am unbewegten Glas; die feinsten und flüchtigsten Düfte werden dabei erkennbar – Zitrone, Minze, Kaffee, Tabak, Rose und viele andere mehr.

Erst jetzt kommt die Bewegung hinzu. Fassen Sie das Glas am Stiel, und schwenken Sie es zunächst einmal so energisch, daß der Wein bis an den Rand hinaufschwingt. Für Anfänger empfiehlt es sich, dabei das Glas auf der Tischplatte zu lassen, es schwappt dann nicht so leicht über. Auf diese Weise wird eine maximale Glasfläche mit Wein benetzt und dadurch ein Maximum an ätherischen Ölen und Duftstoffen freigesetzt.

Dann macht man alle 10 bis 15 Sekunden eine drehende Handbewegung, um die Aromen von mittlerer Flüchtigkeit zu entfalten, und schnuppert erneut – das Geruchsbild hat sich gewandelt. Drehen Sie das Glas mehrmals hintereinander, so entweichen schließlich die schweren Aromen. Jetzt hält man jeweils nur kurz zum Riechen an. Wenn das Glas später geleert ist, sollte man noch einmal seine Nase hineinsenken, um die Duftstoffe einzuatmen, die im Glas haftengeblieben sind. Dabei werden wichtige Aromen aufgedeckt, die besonders dem Gerbstoff des Weines und des Holzes seiner Lagerfässer entstammen. Eine gut geschulte Nase kann beispielsweise erkennen, ob der Wein in Eichen- oder Kastanienholz-Fässern gelagert wurde oder ob die Flaschenabfüllung unmittelbar aus dem Tank erfolgte.

Eins nach dem anderen

Anfangs machen Sie sich am besten Notizen von Ihren Eindrücken. Sobald ein Aroma entdeckt ist, schreiben Sie es auf und konzentrieren sich dann auf andere Dufteindrücke.

Es ist fehl am Platz, sich auf das Bukett des Weines zu stürzen und alle Aromen sofort erfassen zu wollen, als ob sie so flüchtig wären, wie ihre luftige Natur es vermuten läßt. Man hat eine gute Viertelstunde zur Verfügung, bis die flüchtigen Aromen sich langsam abschwächen. Wie ein Puzzle entsteht dann das Geruchsbild des Weines. Wenn Sie ihn anschließend noch einmal beschnuppern, haben die Aromen sich inzwischen unter dem Lufteinfluß auf verschiedene Art entwickelt: manche sind verschwunden, andere sind neu in Erscheinung getreten und bereichern den Wein um einige Nuancen.

Neben den wertvollen Bukett- und Aromastoffen sind für den Gesamtcharakter des Weines auch Inhaltsstoffe ausschlaggebend, die sich als chemische Verbindung benennen lassen, z. B. Naphthalin, eine nach Mottenkugeln riechende organische Verbindung. Diese Substanzen im Geruch zu erkennen, ist sehr schwierig, und man braucht dazu sehr viel Erfahrung. Für den Anfang ist es völlig ausreichend, daß man verschiedene Traubenaromen, den Geruch der Jugend und der Reife und den Weinduft als ganzes aufspüren und erkennen lernt. Damit ist schon eine Menge anzufangen, und mit jedem neuen Wein, den man probiert, wird sich auch die Sicherheit in der Nasenprobe erweitern. Im fortgeschrittenen Stadium können Sie sich dann auf die vielfältigen Ober- und Untertöne konzentrieren, die im Wein mitschwingen. Auf jeden Fall gilt auch für den Anfänger: Je reifer der Wein, desto größere Bedeutung kommt der Beurteilung mit der Nase zu.

Vom Allgemeinen zum Speziellen

Suchen Sie aber bei preiswerten Weinen nicht allzu angestrengt nach Duftnuancen. Häufig sind sie von Natur aus einfach und eindimensional im Ausdruck. Es liegt dann nicht an Ihnen, wenn Sie darin nicht viel Interessantes finden.

Bukett im Wandel

Der Gesamteindruck des Buketts kann mit verschiedenen Ausdrücken bezeichnet werden: leicht, intensiv, oberflächlich, voll oder abgerundet. Von großer Bedeutung ist dabei auch der Entwicklungsstand des probierten Weines. So kann auch ein Produkt von geringer Qualität ein *vollentwickeltes* Bukett haben, wenn es sich um einen reifen Wein handelt, und umgekehrt kann ein erstklassiges, aber noch unreifes Gewächs ein *unterentwickeltes* Bukett aufweisen: Ein gutes Beispiel für die Tatsache, daß ein und derselbe Wein viele Eigenschaften in sich vereinigen kann und verschiedene Entwicklungsstadien durchläuft. Wer einem so komplizierten Gebilde gerecht werden will, sollte sich daher vor vorschnellen Urteilen hüten. Anhand des Buketts eine Aussage über die Qualität eines Weines machen zu wollen, ist entsprechend schwierig. Ideal ist ein voll entfaltetes, nicht aggressives Bukett, nuancenreich und harmonisch. Und das Bukett eines wirklich großen Weines ist nicht nur überwältigend, sondern bleibt auch noch lange in der Nase, selbst wenn der letzte Tropfen schon längst getrunken ist.

Die Prüfung mit Zunge und Gaumen

Nachdem Sie den Wein ausgiebig mit der Nase befragt haben, kommen wir zum Höhepunkt der Weinprobe und nehmen einen Schluck. Wie schon früher erwähnt, reagieren die Geschmacksknospen der Zunge nur an bestimmten Stellen auf Süße, Säure und Bittergeschmack. Nehmen Sie deshalb den Mund so voll Wein, daß Sie den Schluck leicht über die ganze Zungenoberfläche rollen lassen können.

Den Wein beißen

Neben Süße, Säure und Bittergeschmack werden bei der Mundprobe auch die Duftstoffe im Nasenraum noch einmal intensiv wirksam. Um die Aromen des Weines im sogenannten Rückgeruch möglichst vollständig zu erfassen, läßt man, wie der französische Weinkenner Max Léglise formuliert, „den Wein im Mund rollen und zieht dabei, mit kleinen Zwischenpausen, die Luft durch die Zähne. Dieses Beißen des Weines befreit die weniger flüchtigen Aromen, die man beim direkten Riechen nicht wahrnehmen konnte."

Schlucken und nachspülen

Im Augenblick des Schluckens ist die Empfindung am intensivsten. Es empfiehlt sich daher, während der etwa zehn Sekunden, die man den Wein im Mund behält, ein- oder zweimal eine ganz geringe Menge zu schlucken. Max Léglise beschreibt diesen Vorgang sehr treffend: „Mit dem ersten Schluck würdigt man die Säure, mit dem zweiten die Süße, mit dem dritten den Gerbstoff." Dieser Vorgang wird so lange wiederholt, bis Sie sich ein festes Urteil gebildet haben. Notieren Sie dann Ihren ersten Eindruck. Erst danach beginnen Sie, den Wein systematisch auf seine Geschmacks- und Aromaeigenschaften hin zu untersuchen.

SÜSSE

In der ersten Einschätzung wird der Wein als trocken oder süß bezeichnet. Dies ist ein sehr grundsätzliches und leicht zu beurteilendes Merkmal, das besonders bei Weißweinen von Bedeutung ist, da Süße und Säure hier für den Gesamtcharakter eine noch bestimmendere Rolle spielen als bei Rotweinen. Aber Vorsicht: Zum einen sind die süßen Töne im ersten Augenblick sehr vorherrschend, also – abwarten, dann erst urteilen. Zum zweiten wird der tatsächliche Zuckergehalt leicht unterschätzt, wenn der Säureanteil hoch ist, und umgekehrt. Die hohe Kunst der Weinbereitung besteht im Ausbalancieren von Zucker und Säure. Ein gut ausgeglichener süßer Wein vermittelt den Eindruck einer eleganten, saftigen Süße, trockene Weine werden durch den Hauch von Süße, die auf der Zunge kaum wahrnehmbar ist, gefälliger und runder im Geschmack.

Wie kommt der Zucker in den Wein? In den Trauben ist zur Lesezeit etwa gleichviel Traubenzucker (Glukose) und Fruchtzucker (Fruktose) enthalten. Die *Oechslegrade* sind ein Maß für den Gesamtzuckergehalt des Mostes; er ist vor allem abhängig von der Sonnenscheindauer während der Traubenreifung.
Bei der Gärung wird der Zucker durch Hefezellen in Alkohol umgewandelt; daher sind Weine aus sonnenreichen südlichen Gebieten besonders alkoholreich, Weine aus kühleren Anbaugebieten eher leicht.
Ist der Zuckergehalt des Mostes zu gering, um einen schmackhaften Wein daraus zu machen, so darf er vor der Gärung *„angereichert"* werden, d. h. es wird Rohrzucker

(Saccharose) zugesetzt, den die Hefen in zusätzlichen Alkohol umsetzen. Chemisch unterscheidet er sich in keiner Weise von dem Alkohol aus natürlichem Zucker. Für Prädikatsweine („Qualitätswein mit Prädikat Kabinett“ usw.) ist dieses Verfahren in Deutschland nicht gestattet, im Gegensatz zu Frankreich, wo auch Spitzenweine angereichert werden dürfen (hier „Chaptalisation“ genannt). Der Zuckergehalt im fertigen Wein setzt sich zusammen aus dem *Restzucker* – das ist der Zuckeranteil, der nach abgeschlossener Gärung noch im Wein übrigbleibt – und dem Zucker aus der *Süßreserve* – das ist später zur Geschmacksabrundung zugesetzter Traubenmost („Reserve“, weil der Winzer diesen Most, statt ihn zu vergären, zum späteren Süßen „reserviert“). In aller Regel läßt man Wein heute durchgären, soweit es geht, und schmeckt ihn anschließend mit Süßreserve ab.

Im Weinberg prüft der Winzer mit dem Refraktometer den Zuckergehalt der Trauben

Der allgemein gebräuchliche Ausdruck „Restzucker“ oder „Restsüße“ für den *gesamten* Zuckergehalt im Wein ist daher aus dem oben genannten Grund mißverständlich. Natürlicher Restzucker und zugesetzte Süßreserve lassen sich geschmacklich nicht unterscheiden.

Lieblich, halbtrocken und trocken

Die *Geschmacksrichtung* eines Weines – lieblich, halbtrocken oder trocken – ist in erster Linie eine Kurzbezeichnung für den Zuckergehalt; die zulässigen Zuckerkonzentrationen in Milligramm pro Liter (mg/l) für die drei Geschmacksstufen sind gesetzlich festgelegt. Ähnliche Abstufungen gibt es auch für Sekt, allerdings mit anderen Grenzwerten, denn das schäumende Kohlendioxydgas und die meist hohe Säure der Grundweine brauchen als Gegengewicht eine hohe Restsüße. So enthält „trockener" Sekt bis zu fünfmal soviel Zucker wie „trockener" Wein.

Es ist ein weitverbreiteter Irrtum, daß ein *trockener* Wein ein *saurer* Wein sei. Ein trockener Wein enthält nicht unbedingt mehr Säure als ein lieblicher, aber die Säure tritt deutlicher hervor, weil sie nicht, wie im lieblichen Wein, durch Süße geschmacklich aufgefangen wird.

SÄURE

Wieviel Säure verträgt ein Wein?

Die Säure prägt entscheidend den Charakter des Weines, sie gibt ihm Leben und Rückgrat und vollendet den Geschmack. Die deutschen Weine zeichnen sich gegenüber den meisten anderen Weinen der Welt durch ihre fruchtige und spritzige Säure aus. Steht die Säure in einem als angenehm empfundenen Verhältnis zu den anderen Geschmackskomponenten des Weines, dann spricht man von fruchtiger, angenehmer, reifer oder spritziger Säure. Im gegenteiligen Fall nennt man sie hart, spitz, grasig oder grün. Hier kann ein Blick auf die Analysedaten, wenn sie für den Wein erhältlich sind, einen ersten Anhaltspunkt liefern: In der Regel soll der Säure-Promille-Wert etwa ein Zehntel des Mostgewicht-Wertes betragen, das heißt z. B.: ein Riesling Kabinett aus Most mit 70 Grad Oechsle verträgt 7,0 Promille Säure, um ausgewogen zu wirken.

Ein günstiger Säuregehalt ist nicht nur eine Frage der Menge, sondern auch der chemischen Zusammensetzung. Die Gesamtsäure im Wein umfaßt viele verschiedene Säurearten, die wichtigsten sind Wein-, Apfel- und Milchsäure.

Säurearten

In guten Jahrgängen, die vollreife Trauben hervorgebracht haben, überwiegt die mildere Weinsäure. Aber selbst wenn der Most reichlich Apfelsäure enthält, die wegen ihres rauhen Geschmacks weniger erwünscht ist, kann der Wein noch gut geraten: Die rauhe Apfelsäure wird durch Bakterien beim sogenannten biologischen Säureabbau in die mildere Milchsäure umgewandelt.

Eine betonte Säure kann durchaus eine Bereicherung sein, wenn sie spritzig, frisch und fruchtig wirkt, besonders bei jungen Weinen. Reife, erfrischende Säure ist typisch für die nördlich der Alpen gewachsenen Weine. Eine unangenehme, beißende Säure dagegen weist auf mangelnde Reife der Trauben bei der Lese hin.

Lieblich, halb-trocken oder trocken – reine Geschmacks-sache, aber dennoch Mode-trends unter-legen

Das richtige Säure-Zucker-Verhältnis ist in hohem Grade Geschmackssache und im übrigen ausgeprägten Modetrends unterworfen. Derzeit hat eine Trockenwelle unter dem Motto „Wer auf sich hält, trinkt trockenen Wein“ ihren Höhepunkt überschritten, eine abrundende Süße oder gar süße Edelweine sind im Kommen. Sicher läßt sich nur sagen, daß man zum Essen mit einem trockenen Wein am wenigsten falsch macht, denn Süße kann hier leicht störend wirken. Ansonsten aber gilt: was dem einen angenehm herb erscheint, das empfindet der andere schon als säuerlich; was dem einen ein Wein von saftiger Süße, das ist dem andern schon des Guten zuviel. Dies ist kein Thema für Glaubenskriege, es bleibt dabei: über Geschmack läßt sich nicht streiten.

TANNIN (GERBSTOFF)

Tannin als wesentlicher Bestandteil vor allem des jungen Rotweines wird im ersten Moment am Gaumen als herb, trocken und zusammenziehend empfunden. Tannin stammt aus den Traubenstielen, Beerenschalen und Kernen sowie aus dem Holz der Weinfässer.

Gerbstoffe spielen aufgrund der unterschiedlichen Verarbeitung und Geschmacksart bei Rot- und Weißweinen eine sehr unterschiedliche Rolle. Im Gegensatz zum Weißwein, der so schnell wie möglich gekeltert und erst dann vergoren wird, bleibt bei der klassischen Rotweinbereitung nämlich der Most einige Tage mitsamt der Maische (das ist die Masse aus gemahlenen, zerquetschten Trauben) im Gärtank, damit die Farbstoffe aus den Beerenschalen in den Most übertreten. Dabei gelangen zwangsläufig auch Gerbstoffe in den Wein, was aber keineswegs ein Fehler sein muß, im Gegenteil. In kräftigen Rotweinen sind Tannine in gewissen Grenzen durchaus erwünscht. Man spricht sogar von einem *Tanningerüst,* an dem sich die anderen Geschmackskomponenten gewissermaßen festhalten und emporranken; ein sehr gehaltvoller Rotwein ohne die herb-rauhe Note der Tannine wirkt leicht allzu bombastisch und alkoholbetont. In leichteren Weinen sind Tannine allerdings keinesfalls eine Bereicherung.

Tannin – die herbe Note

Bei der Reifung von Rotweinen spielen Gerbstoffe eine maßgebliche Rolle. Generell gilt: Ein hoher Tanningehalt gibt dem Wein ein langes Leben. Umgekehrt braucht ein kräftiger, stoffiger Wein aber auch ein hohes Alter, um zu einem wirklichen Genuß zu werden: Anspruchsvolle Rotweine aus warmen Klimazonen wirken in der Jugend durch vorherrschende Tannine oftmals noch grob und unharmonisch, erst mit zunehmendem Alter werden sie fein und samtig.

Das Gesamtbild des Weines

Geruch
+ Geschmack
= Aroma

Am Gaumen werden sich in aller Regel diejenigen Eindrücke bestätigen, die schon durch die Beurteilung mit Auge und Nase gewonnen worden sind. Insbesondere die Wahrnehmung der feineren Aromamerkmale durch Nase und Mund bildet eine untrennbare Einheit, zumal der Ort der Sinneswahrnehmung, wie im Kapitel über die Sinne ausgeführt, derselbe ist: die Riechschleimhaut im Nasenraum. „Aroma" meint stets Geruch und Geschmack, nur sind Intensität und Verteilung der verschiedenen Aromastoffe auf dem direkten Weg über die Nase oder auf dem Umweg über den Mund etwas unterschiedlich – manche treten beim Schnüffeln deutlicher hervor, andere am Gaumen.

Die Eckpfeiler des Weincharakters

Aus dem Zusammenspiel von Farbe, Geruch und Geschmack ergibt sich ein Gesamtbild des Weines, das Rückschlüsse auf seine wesentlichen Eigenschaften zuläßt. Viele der im folgenden aufgeführten Merkmale sind einleuchtend und leicht beschreibbar, andere offenbaren sich nur dem erfahrenen Weinkenner. Versuchen Sie auf alle Fälle, bei der „Befragung des Weines" diese Eckpfeiler des Weincharakters immer zu berücksichtigen, und zwar in der angegebenen Reihenfolge.

1. Traubensorte

Sortenbukett

Das sortentypische Traubenaroma prägt den Wein in besonderem Maße. Alle klassischen Rebsorten besitzen ein individuelles Bukett, das allerdings nicht immer leicht erkennbar ist.

Der einzige Weg zu einer sicheren Beurteilung liegt im wiederholten Kosten von wirklich erstklassigen Mustern – so lange bis sich die Charakteristika der Rebsorten fest im Gedächtnis eingeprägt haben.
Weine aus weniger anspruchsvollen Rebsorten und aus klimatisch und geologisch weniger günstigen Anbaugebieten zeigen oft ein wenig typisches Aroma, das aber durchaus gefällig wirken kann und nicht unbedingt als Mangel aufzufassen ist. Ob ein geschmacksintensiver oder ein eher milder, neutraler Wein gewünscht ist, hängt in erster Linie vom Verwendungszweck ab: soll der Wein für sich genossen werden oder ein Essen begleiten? In letzterem Falle würde z. B. zu einem leichten, mild gewürzten Gericht ein kräftiges Weinaroma eher störend wirken.

Einige grundlegende Informationen über die wichtigsten einheimischen Traubensorten mit Hinweisen auf die Geschmacksintensität und die typischen Aromakomponenten sind der Übersicht „Die bekanntesten Rebsorten Deutschlands" (Seite 62) zu entnehmen.

Die bekanntesten Rebsorten Deutschlands

Ihre Duft- und Geschmacksstoffe mit Einstufung der Geschmacksintensität

sehr leicht = 🍷 leicht = 🍷 mittelkräftig = 🍷
kräftig = 🍷 sehr kräftig = 🍷

Weißweine

Bacchus 🍷 🍷 🍷
Neuzüchtung der Bundesforschungsanstalt für Rebenzüchtung Geilweilerhof in der Rheinpfalz. Bacchus ist eine Kreuzung aus Silvaner, Riesling und Müller-Thurgau. Die Weine sind grünlichgelb bis hellgelb, fruchtig, haben ein dezentes Muskatbukett, teilweise mit Kümmelaroma. Sie sind hochwertig, mit viel Extrakt.
Aromen: Schwarze Johannisbeere (bei alten Auslesen), Eukalyptus, Muskattraube, Kümmel.

Gewürztraminer 🍷 🍷
Bukettreich, kräftig, fruchtig, würzig. Ab Spätlesequalität hochwertige, körperreiche Weine mit guter Struktur.
Aromen: Ananas, Grapefruit, Limone, Zitrone, Bitterorangenschale, Honig, Akazie, Rose, Holunder, Pfirsich, Haselnuß, Mandel, Zimt, Pfeffer, Minze, Rauchton.

Grauburgunder oder Ruländer 🍷 🍷
Die Herkunft des Grauburgunders soll auf eine Knospenmutation des Blauen Spätburgunders zurückzuführen sein. Seine ursprüngliche Heimat dürfte in Burgund liegen. Im Sortiment der deutschen Weine gehört er zu den Spitzengewächsen, insbesondere die Spät- und Auslesen. Anspruchsvolle trockene Weine werden gern als Grauburgunder bezeichnet, Weine mit mehr Restsüße als Ruländer. Der Ruländer aus reifen Jahren

Gewürztraminer

ist tiefgolden, kräftig bis schwer, ausdrucksvoll, körperreich mit intensivem Bukett, mild bis feinrassig, gehaltvoll.
Aromen: Rauchton, Kastanie, Kokosnuß, Haselnuß, Mandel, Rose, Holunder.

Gutedel

Beliebte Tafel- und Keltertraube, die auf der ganzen Welt verbreitet ist. Der Ursprung der sehr alten Rebsorte geht auf Ägypten und die Türkei zurück. Die hellgelben Weine sind wegen ihres geringen Alkoholgehaltes bekömmlich, leicht, süffig und mild.
Aromen: Bierhefe, Bittermandel; bodenbetont.

Kerner

Eine Kreuzung aus Trollinger und Riesling, Neuzüchtung der Staatlichen Lehr- und Versuchsanstalt für Wein- und Obstbau in Weinsberg. Wegen seiner Frosthärte als Riesling-Ergänzungssorte gedacht. Er erreicht mit Leichtigkeit hohe Mostgewichte und damit gehobenes Prädikatsweinniveau (Spätlesen, Auslesen usw.). Die Weine schmecken frisch, rassig, rieslingähnlich und fruchtig mit deutlicher Säure.
Aromen: Apfel, Pfirsich (junge Weine), Rosinen, Honig.

Morio-Muskat

Die Weißweinrebe Morio-Muskat ist nach ihrem Züchter benannt, Landwirtschaftsrat Peter Morio, Leiter der Bayerischen Nebenstelle für Rebenzüchtung in Neustadt. Zum echten Muskateller besteht keine Verwandtschaft, der Morio-Muskat ist eine Kreuzung aus Silvaner und Weißem Burgunder. Der Wein ist bukettbetont und gehaltvoll.
Aromen: Muskat, Lavendel.

Müller-Thurgau

Riesling

Müller-Thurgau

Von Prof. Müller aus dem Schweizer Kanton Thurgau im Jahre 1882 in Geisenheim gezüchtete Rebsorte. Sie gilt als Kreuzung aus Riesling und Silvaner oder zwischen verschiedenen Spielarten des Rieslings. Eher leichte, blumige Weine mit dezentem Bukett und milder Säure.

Aromen: Zarter Muskatton, Hefe, Apfel, schwarze Johannisbeere, Mango (gute Jahrgänge).

Gelber Muskateller

Der Gelbe Muskateller gilt als eine der ältesten Rebsorten und stammt vermutlich aus dem spanischen Pyrenäengebiet. Bukettreiche Weine mit viel Frucht und Würze.

Aromen: Muskattraube, Holunder, Rose, Pfirsich und Walderdbeere.

Riesling

Wertvollste weiße Rebsorte der Welt. In den nördlichen Anbaugebieten bringt der Riesling rassige, elegante Weißweine hervor. Die feine, erfrischende Säure verleiht ihm seine anregende, spritzige Art. Der Riesling eignet sich besonders zu langer Lagerung, Spitzenweine bleiben jahrzehntelang frisch.

Aromen: Feine Frucht, meist an Pfirsich erinnernd, Aprikose, Himbeere, schwarze Johannisbeere.

Ruländer siehe Grauburgunder (Seite 62)

Die bekanntesten Rebsorten Deutschlands

Scheurebe

Neuzüchtung der Landesanstalt für Rebenzüchtung in Alzey durch Georg Scheu im Jahre 1962, Kreuzung aus Riesling und Silvaner. Weine mit feinem Bukett, aromatisch, pikant, mit rassiger Säure, lebendig und vollfruchtig.
Aromen: Schwarze Johannisbeere, Mandarine, überreife Birne, Banane (bei Auslesequalitäten).

Silvaner

Der Name läßt auf Transsylvanien (Siebenbürgen) schließen. Von dort aus wurde die Rebe allmählich über Österreich bis nach Deutschland verbreitet. Die meist milden Weine haben ein neutrales Bukett mit leichter Säure.
Aromen: Basilikum, Gras, Farn, Holunder, Rosenblüten.

Traminer

Der Traminer zählt in guten Jahren und bei später Lese zu den besten Weißweinsorten. Die fein differenzierten Weine weisen eine würzige, an Wildrosenduft erinnernde Art auf. Der Gewürztraminer ist eine Spielart mit intensiveren Geschmacksnuancen.
Aromen: Ab Spätlese feinster Duft: Quitte, Rose.

Weißburgunder

Ausgangspunkt des Weißburgunders, der seit dem 14. Jahrhundert bekannt ist, ist wahrscheinlich der französische Weinort Chardonnay nördlich von Mâcon. Die Weine mit dezentem Bukett sind geschliffen, glatt und von guter Struktur. Sie weisen in der Regel nur eine zarte, feine Säure auf.
Aromen: Apfel, Mango, Walnuß, Aprikose.

Silvaner

Dornfelder

Lemberger

Rotweine

Dornfelder

Züchtung der Staatlichen Lehr- und Versuchsanstalt für Wein- und Obstbau in Weinsberg. Der Dornfelder ist eine Kreuzung aus Helfensteiner und Heroldrebe, also eine Kreuzung aus zwei Kreuzungen. Die Traube ergibt einen tief rubinroten Wein mit kräftigem Bukett.

Aromen: Brombeere, Himbeere.

Lemberger

Seit der zweiten Hälfte des 18. Jahrhunderts läßt sich der Lemberger in Österreich nachweisen, ohne daß es gelungen wäre, seine Urheimat aufzufinden. In Deutschland ist er ganz überwiegend in Württemberg anzutreffen. Dunkelroter Wein von rassiger Art mit deutlichem Gerbstoffgehalt.

Aromen: Schwarze Johannisbeere, Stachelbeere, Brombeere, Kirsche, Holunder, Minze.

Müllerrebe oder Schwarzriesling

Die Heimat der Müllerrebe (in Württemberg und Nordbaden Schwarzriesling genannt) ist sicher in Burgund zu suchen. Die Sorte ist schon seit 400 Jahren bekannt und gilt als Mutation des Blauen Spätburgunders. Die Weine sind mittel- bis dunkelrot, mit viel Frucht und Eleganz.

Aromen: Süßkirsche, Himbeere, schwarze Johannisbeere.

Portugieser

Die Rebe stammt vermutlich aus Niederösterreich, von dort aus wurde sie im Jahre 1800 nach Bad Dürkheim eingeführt. Die Weine sind hellrot, leicht, frisch, feinfruchtig mit leichtem, angenehmem Bitterton.

Aromen: Rote Johannisbeere, Erdbeere, Himbeere, Pfirsich, Muskatnuß.

Samtrot

Die Sorte Samtrot ist eine Mutation der Müllerrebe. Sie wurde in der Weinbaulehranstalt Weinsberg züchterisch bearbeitet. Die Weine sind rubinrot bis dunkelrot, samtig, gehaltvoll, mit viel Frucht.

Aromen: Pflaume, Kirsche, Pfirsich, Lorbeer.

Schwarzriesling siehe Müllerrebe (links)

Spätburgunder

Die Urheimat des Blauen Spätburgunders ist sicherlich Burgund, obgleich genaue Unterlagen über die Herkunft fehlen. Der Wein ist hell- bis dunkelrot, vollmundig, samtig, mit schöner Frucht und Rasse.

Aromen: Himbeere, Erdbeere, Brombeere, Feige, Rauchton und Quittengelee (bei Auslesen).

Portugieser

Spätburgunder

Trollinger

Südtirol ist die Heimat des Trollingers, in Deutschland ganz überwiegend in Württemberg anzutreffen. Die Weine haben dank ihrer deutlichen Säure eine frische, rassige Art, sie sind leicht und fruchtig.

Aromen: Leichter Bitterton, Muskat, schwarze Johannisbeere.

Trollinger

2. Alter des Weines

Übung macht den Meister

Das Alter eines Weines kann von einem geübten Weinprüfer recht genau bestimmt werden, was Laien immer wieder tief beeindruckt. Wer sich bewußt um die Entwicklung seines Riechvermögens bemüht, wird aber feststellen, daß es gar nicht so schwierig ist, den Reifezustand eines Weines zu beurteilen. Der beste Weg zur Meisterschaft liegt auch hier im steten Vergleich von hochwertigen Weinen aus verschiedenen Jahrgängen.

„Der ist noch grün!"

Die Geschmackskomponenten eines jungen Weines treten noch recht deutlich und rauh zutage, da die Zeit der Reifung und Abrundung fehlt. Oftmals kann man die jugendliche Spritzigkeit beim ersten Schluck schon ganz deutlich schmecken, denn die ausgeprägte Säure hat einen mundwässernden Effekt. Vor dem geistigen Auge taucht die Farbe Grün auf – man sagt auch, daß ein junger Wein noch „grasgrün" schmeckt, ein Greenhorn unter den Weinen. Ein Geruch nach rohem Kochapfel weist auf einen zu hohen Säuregehalt hin und ist in unreifen Weinen aus mäßigen Jahrgängen anzutreffen.

Reife und Alter

Die Milde und Reife des Alters dagegen ist auch im Bukett des Weines wiederzufinden: es wird weicher und harmonischer. In vielen Weißweinen ist ein Hauch von Honig und Nüssen erkennbar, Rotweine werden reicher und tiefer in ihren Aromatönen. Ein überalterter Wein „zerfällt" im Bukett, er wird flach und müde und kann im fortgeschrittenen Stadium nach verdorbenem Kohl riechen, was die Nasenflügel im wahrsten Sinne des Wortes zum Flattern bringt. Die Alterung in der Flasche ist ein Teil der Entwicklung zur Reife und dient der Abrundung und Harmonisierung – aber auch hier gilt: zuviel ist ungesund.

3. Frucht

Ein fruchtiger Ausdruck in Geschmack und Geruch ist eine wünschenswerte Eigenschaft des Weines. Der Begriff kann sich sowohl auf die Traubensorte beziehen, aus der der Wein gemacht ist, als auch auf andere fruchtartige Aromen, die sich mit verschiedenen Obstsorten vergleichen lassen, so etwa das Pfirsichbukett mancher Rieslingweine oder der Johannisbeerton der Scheurebe. Meistens handelt es sich hier um relativ säurehaltige Weine. Dagegen zeigen reife und säureärmere Rotweine eher einen Erdbeer-, Himbeer- oder Brombeergeschmack. Klassische Beispiele sind der Spätburgunder und der Lemberger. Die Frucht eines Weines ist aber nicht nur sortenbedingt, sondern auch abhängig von der Weinbergslage und auch vom Reifezustand der Trauben, also vom Jahrgang des Weines.

4. Körper

Körperreich oder dünn?

In der sehr anschaulichen Sprache zur Weinbeschreibung versteht man unter dem „Körper" das geschmackliche Gesamtgewicht, die Substanz des Weines – chemisch gesehen hauptsächlich den Gehalt an Extraktstoffen (das sind alle Inhaltsstoffe, die nach dem Verdampfen des Weines zurückbleiben) und Alkohol. Allgemein geläufig für einen körperreichen Wein ist der Ausdruck „vollmundig". Das Gegenteil von „körperreich" ist „dünn". Sie werden den Ausdruck augenblicklich verstehen, wenn Sie einmal einen körperreichen Wein bewußt probiert haben, und ihn in Zukunft mit Begeisterung gebrauchen. Der Körper variiert erheblich je nach Qualitätsklasse, Weinbauregion, Jahrgang und Weinbereitungsmethode.

5. Harmonie

Die perfekte Balance

Das hohe Ideal des Weines ist die perfekte Balance aller Duft- und Geschmackskomponenten, die den Charakter des Weines ausmachen. Die einzelnen Komponenten allein sind uninteressant, würden für sich probiert häufig sogar als unangenehm empfunden. Erst in ihrem Zusammenspiel geben sie dem Wein

sein Gesicht. So ist in Wasser gelöster Alkohol nicht gerade ein Geschmacksvergnügen, den Wein aber macht er elegant und geschliffen und bringt seine Frucht vorteilhaft zum Ausdruck. Zuviel Alkohol wiederum wirkt brennend und stechend, man nennt den Wein dann „spritig" oder „brandig".

An das Alter denken!

Wer einen Wein beurteilen will, muß zudem noch berücksichtigen, daß sich im Laufe der Zeit mit zunehmender Flaschenreife das Gewicht und das Verhältnis der Komponenten zueinander verändert. So wirkt ein roter Bordeaux in seiner Jugend durch dominierende Säuren und Gerbstoffe rauh und unzugänglich, nach fünf oder zehn Jahren haben sich die geschmacklichen Kanten gerundet und verschmelzen zu einem harmonischen Gesamtbild.

Bei hochklassigen deutschen Weinen ist der Winzer bemüht, das Gleichgewicht von Säure, Zucker und Alkohol schon von Anfang an zu finden. Das erlaubt eine frühe Flaschenfüllung und damit die Bewahrung der so hochgeschätzten Aromastoffe in Verbindung mit der erwünschten frischen Fruchtsäure.

6. Abgang

Der Abschied vom Gaumen

Der „Abgang" – das ist der Nachgeschmack, der nach dem Herunterschlucken zurückbleibt – erlaubt sichere Rückschlüsse auf die Qualität. Ein sauberer, frischer Abgang ist das Kennzeichen eines guten, gehaltvollen Weines. Mindere Qualitäten enden dünn und wäßrig, sie sind „kurz" oder „stumpf" im Abgang. Spitzenweine hingegen schließen mit einem lang anhaltenden, nachhaltigen Eindruck, der sich nur zögernd vom Gaumen verabschiedet.

50
921

Die Weinansprache

Manchmal ist Phantasie gefragt

Geschmacksqualitäten erkennen ist eine Sache, seine Sinneseindrücke anderen mitteilen eine andere. Grundsätzlich sind der Phantasie keine Grenzen gesetzt, wenn es darum geht, seinen Mitmenschen die persönlichen Empfindungen über einen Wein zu vermitteln. So reichen im internationalen Weinjournalismus die Beschreibungen der Aromen von den feinsten Frucht- und Blütentönen bis hin zu „Achselschweiß" und „nassem Hundefell". Wieweit solche Vergleiche zur Verständigung beitragen, sei dahingestellt. (Vielleicht sollten Sie dennoch zur Sicherheit bei Gelegenheit einmal an einem nassen Hund riechen – aber erklären Sie vorher dem Besitzer ihr Anliegen!)

Die Sprache der Profis

Für einige grundlegende Merkmale von Weinen gibt es aber glücklicherweise allgemeingebräuchliche, auch von professionellen Weinprüfern verwendete Begriffe, die sogenannte Weinansprache. Diese Begriffe werden benutzt, um die Empfindungen und Bewertungen bei einer Probe den anderen Teilnehmern mitzuteilen und sie schriftlich festzuhalten. Dabei geht es für den einzelnen zunächst einmal nicht darum, ob ihm ein Wein mehr oder weniger gut schmeckt, sondern er möchte anhand eines allgemeinverständlichen Vokabulars seine persönlichen Geschmackseindrücke den Mitprobenden möglichst klar und eindeutig vermitteln. Daher ist es sinnvoll, daß jeder Weinfreund mit den Begriffen der Weinansprache eine bestimmte Definition verbindet, um Mißverständnisse zu vermeiden.

In der Übersicht „Ausdrücke zur Weinbeschreibung" sind die gängigsten Begriffe jeweils nach steigender Intensität geordnet. Für alle Eigenschaften, wie z. B. Süße, Säure oder Alter, gibt es ein Zuviel oder Zuwenig, meist beides (zu jung soll der Wein nicht sein, aber auch nicht zu alt). Das breite Feld der positiven Eigenschaften ist jeweils hervorgehoben. In diesem Bereich sind ausschließlich der persönliche Geschmack und die Gesamtharmonie des Weines ausschlaggebend für die Beurteilung.

Oft liegen gut und schlecht nah beieinander. So ist „süß" eher negativ gemeint, „edelsüß" aber für bestimmte anspruchsvolle Weine ein Ausdruck von höchster Qualität. „Firn" schmeckt ein überreifer, sherryartiger Wein, der schon über seinen Entwicklungshöhepunkt hinaus ist, bei manchen sehr hochwertigen Weinen ist aber gerade die Note von „Edelfirne", ein charakteristischer feiner, bukettstarker Alterston, hoch geschätzt. Weitere Ausdrücke der Weinansprache sind im Glossar ab Seite 112 in alphabetischer Reihenfolge aufgeführt und kurz erläutert.

Die einzige Methode, diese Sprache zuverlässig verstehen und sprechen zu lernen, ist es aber, mit erfahrenen Weinkennern zusammen zu proben und ihnen dabei zuzuhören. Die Weinansprache kann nicht wie Vokabeln gepaukt werden. Die wichtigsten Ausdrücke werden Ihnen bald geläufig sein, wenn Sie erst einmal einige Weine getrunken haben, auf die die Begriffe zutreffen.

Ausdrücke zur Weinbeschreibung

abgestuft nach der Intensität

= positive Ausprägung des betreffenden Merkmals, alle anderen Begriffe = negative Ausprägung

Farbe

Weißweine	Rotweine
farblos	rosé
wäßrig	hellrot
hellfarbig	rubin
grünlichgelb	granatrot
gelb	braunrot
goldgelb	
bernsteinfarbig	
hochfarbig	
braun	

Geruch

duftlos
flüchtig
zart
duftig
blumig
fruchtig
aromatisch
aufdringlich
parfümiert

Körper

dünn
leicht
zart
kräftig
vollmundig
ölig, von edler Fülle
dick
plump

Ausdrücke zur Weinbeschreibung

Süße

durchgegoren
trocken
leichte Restsüße
harmonische Süße
reife, edle Süße
süß
pappig

Reife

mostig
gärig
hefig
unentwickelt
jung
frisch
lebendig
reif
auf der Höhe
abgelagert
edelfirn
firn
gealtert
müde
passé
tot

Säure

weich
mild
harmonisch
rassig
herb
stahlig
spitz
unreif
grün
ziehend
sauer

Alkohol

arm
leicht
schwer
brandig
spritig

KAUFEN – LAGERN – PROBIEREN

Vom Umgang

mit Wein

Nach aufmerksamer Lektüre der vorangegangenen Kapitel haben Sie das Rüstzeug, den Wein „richtig" – das heißt: mit Verstand und Verständnis – zu genießen. Alles weitere ist Übungssache. Wobei diese Übungen glücklicherweise nichts mit verbissenem Training zu tun haben. Denn die Materie ist im wahrsten Sinne des Wortes nicht trocken, und sie bietet dem Anfänger ebensoviel Vergnügen und Abwechslung wie dem erfahrenen Weinkenner.

Gesellschaftsspiel Weinprobe

Ein weiterer erfreulicher Zug dieses Hobbys: Es wird daheim im allgemeinen als Gesellschaftsspiel praktiziert. Denn Wein wird nun einmal flaschenweise angeboten, und diese Flaschen lassen sich nur in größerer Runde zu allseitigem Nutz und Frommen leeren. Vor allem aber: der Austausch unter Gleichgesinnten ist es gerade, der zum aufmerksamen, bewußten Weingenuß motiviert. Vom geselligen Vergnügen einmal ganz abgesehen: auch mit Verstand getrunken, löst der Wein die Zungen, und wenn er am Schluß des Abends nicht mehr ganz so im Mittelpunkt steht wie zu Beginn, dann ist das kein Fehler, sondern ein willkommener Nebeneffekt. Die Gäste werden gern wiederkommen.

Ein Vergnügen für jedermann

Eine Weinprobe – das heißt im weitesten Sinne das vergleichende Probieren von Weinen – ist längst nicht mehr nur ein exklusives Vergnügen für erfahrene Gourmets oder Kenner. Sie ist heute hingegen eine willkommene Gelegenheit, Freunde und Gäste im eigenen Heim auf anregende Weise zu bewirten und zu verwöhnen, Urlaubserinnerungen aufzufrischen und auf weinkulinarischem Wege Länder und Regionen kennenzulernen. Eine Weinprobe soll Spaß machen, ob man nun einen festlichen Rahmen mit ausgewählten Gästen

wünscht oder sich ganz familiär mit guten Freunden trifft. Empfehlenswert ist diese Art von ungezwungenem Studium gerade auch in sehr gemischten Runden, in denen einer den andern nicht kennt: Man kann sich erst einmal am Weinglas „festhalten“, alle Gäste haben ein gemeinsames Gesprächsthema, und Neulinge werden schnell integriert.
Im folgenden ein paar Tips aus langjähriger Praxis, die Ihre Einladung zur Weinprobe zum vollen Erfolg machen.

WO KAUFE ICH MEINEN WEIN?

Wein gibt es überall

Man muß keinen gutsortierten Weinkeller besitzen, um seine Gäste mit einer Weinprobe unterhalten zu können. Die Weinabteilungen der Kaufhäuser sind heute ebenso gut bestückt wie alteingesessene Delikatessenläden. Früher mußte sich der Konsument an das Weinfachgeschäft oder den Erzeuger selbst wenden; diesen Weg braucht er heute nicht mehr auf sich zu nehmen – auch wenn er sich immer wieder lohnt. Heute gibt es Wein in allen Sparten der Lebensmittelbranche zu kaufen, ob im einfachen Gemüseladen gleich um die Ecke oder in der noblen Vinothek. Vergleichen Sie aber ruhig die Preise. Nicht in jeder teuren Designer-Flasche steckt auch ein nobler Inhalt.

In Weinhäusern, Delikatessenläden und Weinfachgeschäften erhält man die beste Fachberatung. Sie sind traditionsbewußt und betonen ihre Gedie-

genheit durch die Qualität ihrer Weine. Hier findet man ein reichhaltiges Sortiment deutscher und ausländischer Weine und auch gehobene Qualitäten.

Fachhandel

Sucht man etwas ganz Ausgefallenes oder einen alten Jahrgang, so kann oft der Inhaber persönlich weiterhelfen. Meist weiß er auch über ein Weinbaugebiet besonders gut Bescheid; er ist jedenfalls immer zu einem Beratungsgespräch mit den Kunden bereit. Guts- und Lagenweine sind hier stärker vertreten; oft ist man bestrebt, Weine bestimmter Herkunft durch die Jahre zu führen. Oftmals kennt der Inhaber seine Weinlieferanten und die Betriebe persönlich, vielfach gibt es schon Geschäftsbeziehungen über Generationen. Man kann also in der Regel als Kunde davon ausgehen, daß der Verkäufer weiß, was er anbietet.

Kaufhaus und Supermarkt

Vor wenigen Jahren noch waren das Kaufhaus und der Supermarkt unter Weinkennern verpönt und galten als Lager für Massenware. Heute erfüllen sie auch höhere Ansprüche, ja glänzen oft geradezu durch ein Kenner-Sortiment. Das Shop-im-Shop-Konzept und der Delikatessenladen im Kaufhaus brachten dem Weinsortiment im Lebensmittelhandel eine enorme Aufwertung. Doch bedauerlicherweise fehlt es hier oft an fachgerechter Beratung.

Weinkauf beim Erzeuger

Die rund 20 000 Weingüter und Winzergenossenschaften im deutschsprachigen Raum, die selbst in Flaschen abfüllen, verkaufen ihre Erzeugnisse zumeist auch direkt an den Endverbraucher. Immer mehr Weinliebhaber nutzen ihre Wochenend- und Ferienreisen dazu, Weinlandschaften, Winzer und Weingüter zu besuchen und so den Wein an seiner Geburtsstätte kennenzulernen. Geschätzt wird dabei vor allem das Fachgespräch, auf das man weitab vom Produktionsgebiet leider oft verzichten muß.

Der Einkauf direkt im Weingut wird allerdings nicht unbedingt billiger, weil die Betriebe in aller Regel sowohl an den

Verkauf
Probe
RESTAURANT
HOTEL

Handel als auch an den Endverbraucher verkaufen und dabei den Flaschenpreis für den privaten Kunden entsprechend der Handelsspanne erhöhen, um keinen grauen Markt entstehen zu lassen.

Winzergenossenschaften

Ein größeres Angebot als der Einzelbetrieb können meist die Winzergenossenschaften vorweisen, denn ihr Einzugsgebiet ist umfangreicher. Schrecken Sie nicht vor der Bezeichnung „Genossenschaft" und dem oft sehr sachlichen Äußeren der Betriebe zurück. Es sind hocheffiziente Gemeinschaftskellereien, entstanden aus der „Vernunftehe" vieler kleiner Winzer, die hervorragende Weine anbieten.

IM TIEFEN KELLER: DIE LAGERUNG

Bevor Sie den soeben erstandenen Wein entkorken, bedenken Sie, daß er vorher ein wenig Ruhe braucht. Einfache, robuste Landweine müssen vor dem Trinken nicht lagern, sie können aus der Einkaufstasche direkt auf den Tisch oder, bei einem Picknick im Grünen, aus der Kühltasche direkt in die Gläser kommen. Hochwertigere Weine sollte man aber eine Weile liegen lassen; durchgeschüttelt zeigen sie nicht ihr optimales Geschmacksbild und sind in ihren Geschmacksnuancen verschlossen. Ein Tag genügt meist, Spitzenweinen tut eine Woche Ruhe gut.

Mit zunehmender Wein-Leidenschaft wird auch bei Ihnen eine gewisse Sammler-Leidenschaft nicht ausbleiben: Der neu entdeckte Wein wird nicht gleich bei nächster Gelegenheit getrunken, sondern bis zum passenden Anlaß aufbewahrt. Wie von selbst wächst der Weinvorrat heran – Zeit, sich ein paar Gedanken über die Weinlagerung zu machen.

Weinlager im Keller

Keine Sorge, es ist nicht notwendig, den Keller neu auszuschachten und Gewölbe zu mauern. Auch in normalen Neubaukellern kann man Wein eine ganze Weile gut unterbringen. Allerdings ist das Einlagern von Wein aber immer – auch in den schönsten Kellergewölben – mit einem gewissen Risiko verbunden.
Zunächst sollte man sich über die Menge bewußt werden, die über einen bestimmten Zeitraum gelagert werden soll. Der voraussichtliche Verbrauch und die voraussichtliche Lebensdauer des Weines sind hier zu berücksichtigen. Fragen Sie am besten den Winzer oder Weinhändler um Rat.

Lagerungstemperatur und Luftfeuchtigkeit

Deutsche Weine sind heute lagerungsfähiger als früher und vertragen für kürzere Zeit (bis zu einem halben Jahr) auch höhere Lagerungstemperaturen, wenn sie nicht gerade neben der Heizung aufbewahrt werden. Vermeiden Sie aber ständige Temperaturschwankungen! Bei längerer Lagerung gilt jedoch: je höher die Temperatur, desto rascher verliert der Wein an Frische, sein Reifungs- und Alterungsprozeß vollzieht sich schneller als an einem kühlen Lagerplatz. Optimal ist eine gleichmäßige Temperatur von etwa 10 bis 16 °C.

Auch die Luftfeuchtigkeit spielt heute keine so große Rolle mehr, da die Korken durch eine porenfreie Kapsel recht gut gegen Austrocknung geschützt sind. Für langjährige Lagerung am besten geeignet ist aber nach wie vor ein gut belüfteter Keller von mittlerer Luftfeuchtigkeit (etwa 80 bis 90 %). Wein soll dunkel gelagert werden, denn

Licht

Licht löst unliebsame vorzeitige Alterserscheinungen aus. Läßt sich das Licht nicht aus dem Raum verbannen, dann ist der Wein am besten in Kisten und Kartons aufgehoben. Wichtig ist, daß der Wein liegend aufbewahrt wird, damit die Flüssigkeit den Korken benetzt und feucht hält. So bleibt der Flaschenmund zuverlässig verschlossen und das Eindringen von Luft wird verhindert. Ausgetrocknete Korken schrumpfen und schließen schlecht. Der für den Wein schädliche Luftsauerstoff gelangt dann in die Flasche, und die wertvolle im Wein gebundene Kohlensäure verflüchtigt sich samt einiger Aromastoffe. Der Wein verliert in Bukett und Geschmack seine Frische, er wirkt matt und schal. Außerdem führt die Berührung mit Luftsauerstoff zur Oxydation, der Wein bekommt einen Alterston. Allerdings kann ein Wein heute über kurze Zeit, etwa bis zu vier Wochen, auch ohne Probleme stehend gelagert werden. In diesem Zeitraum wird er keine Qualitätseinbußen erleiden.

Liegende Aufbewahrung

Die immer häufiger als Korkenersatz benutzten Kunststoffkorken oder Schraubverschlüsse beeinflussen übrigens den Wein geschmacklich nicht und garantieren eine gute Konservierung. Sie stören lediglich das ästhetische Empfinden; nach traditioneller Vorstellung gehört nun einmal der Korken zum Wein, und auch die Vorstellung „Wein mit Schraubverschluß = Billigwein" ist tief verwurzelt. Aus Vernunftgründen müßten heute nämlich alle Weine – und gerade die teuren – mit Kunststoffkorken und Schraubverschlüssen versehen werden. Zehntausende von Flaschen Wein werden Jahr für Jahr durch einen „Korkton" ungenießbar, und es sind oftmals Raritäten und alte Jahrgänge, die dadurch unwiederbringlich verloren gehen. Daneben ist der materielle Schaden für die Weinerzeuger nicht unbeträchtlich und um so ärgerlicher, als er so leicht zu vermeiden wäre. Natürlich verbindet man mit

Weine mit Schraubverschlüssen – ja oder nein?

Im Keller fühlen sich die Weine am wohlsten

einer guten Flasche Wein auch einen echten Naturkorken, aber das Produkt und dessen Qualität sollten doch im Vordergrund stehen.

Lagerung im Kühlschrank

Ein Tip noch für diejenigen, die über keinen Kellerraum verfügen: Ein alter Kühlschrank, auf 10 °C eingestellt, ist ein vorzüglicher Kellerersatz. Es gibt auch Firmen, die spezielle Kühlschränke für die Flaschenlagerung herstellen. Eine solche Anschaffung lohnt sich aber erst ab einer Lagerkapazität von hundert Flaschen. Wer nur gelegentlich ein oder zwei Flaschen für einen netten Abend einkauft, der kann sie auch einfach in den Kühlschrank legen. Im Gemüsefach herrscht etwa die richtige Temperatur für Weißweine (um 10 °C), aber es ist empfehlenswert, einmal mit dem Thermometer nachzumessen.

Auch wenn der Wein sehr sorgfältig und gewissenhaft gelagert wird, ist seine langjährige Entwicklung schwer zu überblicken. Gerade bei wertvollen, langlebigen Gewächsen ist es nicht einfach, den optimalen Zeitpunkt zu treffen, an dem der Wein den höchsten Genuß verspricht. Haben Sie größere Mengen des gleichen Weines eingelagert, probieren Sie in nicht allzu großen Abständen, mindestens alle fünf Jahre – bei Weinen, die sich dem kritischen Alter nähern, auch bis zu einmal jährlich –, immer mal wieder eine Flasche, um den aktuellen Entwicklungsstand zu überprüfen. Nur die ständige Beobachtung des Weines schützt vor bösen Überraschungen, die schon mancher nach Jahren in seinem Keller erlebt hat. Auch die großen Güter probieren in gewissen Abständen ihren Bestand und machen dabei auch nicht vor der „Schatzkammer" halt, wo die jahrzehntealten Kostbarkeiten gelagert werden. Nicht umsonst sagt man, daß die besten Weine nur den Fürsten und ihren Kellermeistern vorbehalten sind. Den einen gehören sie, und die anderen prüfen ihre Trinkbarkeit.

Den Wein regelmäßig probieren

Lebensdauer von Weinen

Wie lange sich ein bestimmter Wein halten wird, läßt sich niemals verläßlich vorhersagen. Wein ist quasi eine „lebende" Flüssigkeit, er unterliegt komplizierten biochemischen Prozessen, und sein „Todestag" ist ungewiß. Aber es gibt gewisse Anhaltspunkte, die auf eine bestimmte Lebensdauer des Weines schließen lassen. Die Haltbarkeit eines Weines ist immer abhängig von seinem Gehalt an Restsüße, Fruchtsäure, schwefliger Säure und Alkohol. Mehr darüber erfahren Sie im folgenden.

Weine mit extrem *hohem Zuckergehalt* haben eine besonders lange Lebensdauer, so die wuchtigen Auslesen, Beerenauslesen und Trockenbeerenauslesen. Diese hohen Prädikatsweine enthalten nicht selten pro Liter 100 bis 250 Gramm Zucker, der nicht, wie bei einfacheren Weinen, in Alkohol umgesetzt wurde. Denn in Most mit mehr als 100° Oechsle sind die Arbeitsbedingungen für die Hefepilze schlecht. Die alkoholische Gärung wird gehemmt, der verbleibende natürliche Restzuckergehalt ist entsprechend hoch.

Was schützt den Wein beim Reifen?

Je *säurereicher* ein Wein ist, desto besser eignet er sich für eine längere Lagerung. Weine mit Säurewerten von 7 bis 9 Promille, wie z. B. der Rheingauer Riesling, sind erfahrungsgemäß robust und langlebig. Denn die meisten Mikroorganismen – die auch an den Verderbnisprozessen im Wein gewichtigen Anteil haben – fühlen sich in saurer Umgebung nicht wohl (daher zählt Einlegen in Essig zu den altbewährten Konservierungsmethoden), so auch in säurereichen Weinen. Der Wein wird dadurch haltbarer. Säurearme Weine reifen zwar schneller, haben aber eine geringere Lebenserwartung als säurereiche.

Auch die *Schwefelbeigabe* hilft dem Wein, länger bei guter Gesundheit zu bleiben. Ohne Schwefel wäre er der Oxydation hilflos ausgesetzt. Die freie Schweflige Säure wirkt für den Wein wie ein Schutzschild. Sie greift überall dort ein, wo Gefahren lauern, macht nicht nur eindringenden Luftsauerstoff unschädlich, sondern hält auch die Aktivität von Mikroorganismen in Schach. So tötet Schwefel z. B. Essigbakterien ab und verhindert so die Weinkrankheit Essigstich.

Letztendlich trägt auch der *Alkohol* das Seine zur Haltbarkeit des Weines bei. Er wirkt bakterientötend und ist von daher bekanntermaßen als Konservierungsmittel wirksam. Ein Wein, den man über längere Zeit lagern möchte, sollte mindestens 10, besser noch 12 Prozent Alkohol aufweisen.

Haltbarkeit von Weinen Auch wenn im Einzelfall nicht vorhersagbar ist, wie sich ein Wein entwickeln wird, läßt sich die Lebensdauer von Weinen der verschiedenen Qualitätsstufen (für Deutschland und Österreich) doch anhand von Erfahrungswerten näherungsweise abschätzen:

- *Qualitätsweine* mit geringer Säure halten sich etwa ein bis drei Jahre. Sind die Weine säurebetont, liegt die Lebensdauer höher.
- *Kabinettweine* sollten wegen des oft geringeren Alkoholgehaltes in den ersten beiden Jahren getrunken werden. Sind sie säurebetont, wie beim Riesling, kann mit fünf Jahren und mehr gerechnet werden.
- *Spätlesen* und *Auslesen* halten in der Regel gut über fünf Jahre. Auch hier gibt es wieder einige Weine, besonders Rieslinge, die weitaus älter werden und auch nach 20 Jahren noch fruchtig und lebendig schmecken.
- Bei *Beerenauslesen* und *Trockenbeerenauslesen* liegt die Lebensdauer noch höher. Gehaltvolle Beeren- und Trockenbeerenauslesen sind auch noch nach 100 Jahren gut trinkbar. Sie haben dann einen leichten Sherryton, sind aber noch lebendig und ansprechend.

Die Proben-zusammenstellung

Ob nun ein wohlgefüllter Weinkeller vorhanden ist oder der Wein stets direkt aus der Einkaufstasche auf den Tisch zu wandern pflegt – die Auswahl der Weine ist das A und O der Weinprobe. Und unmittelbar verknüpft mit der Auswahl der Gäste – beide sollten zusammenpassen.

Wie beginnt der Einsteiger?

Wer mit Wein noch nicht sehr vertraut ist, der gehe am besten in ein Kaufhaus mit Weinabteilung und zögere nicht lange, sondern greife einfach beherzt in die Regale. Speziell bei deutschen Weinen kann man nicht viel falsch machen. Dank der strengen Weinkontrolle kommen heute kaum noch Weine auf den Markt, mit denen man sich blamieren würde. In aller Regel sind sie fehlerfrei, sauber und ordentlich, wenn auch nicht unbedingt etwas Außerordentliches. Und wenn, trotz aller Vorsichtsmaßnahmen, einmal einer mit Korkengeschmack oder einem anderen Fehler dabei sein sollte, so nimmt jedes seriöse Geschäft ihn zurück.

Wenn Sie sich mit Weinen noch nicht so recht auskennen, können Sie sich getrost am Preis orientieren. Stellen Sie sich nach verschiedenen Preisklassen ein willkürliches Sortiment zusammen.

Vorsicht bei „Schnäppchen"!

„Schnäppchen finden" ist eher etwas für Fortgeschrittene. Vorsicht z. B. bei billigen alten Weinen! Ein fünf Jahre alter Q.b.A.-Weißwein für drei Mark fünfzig aus dem Supermarktregal kann arg enttäuschen. Der Unterschied zwischen „alt" und „reif" drückt sich sehr wohl im Preis aus. Einfache und entsprechend preiswerte Weine schmecken nur gut, solange sie jung und frisch sind. Wenn es etwas Anspruchsvolleres sein soll, gehen Sie besser zum Weinfachhändler und lassen sich dort vor Ort beraten. Nennen Sie ihm ganz einfach Ihre Preisvorstellungen, er hat ein ureigenes Interesse daran, Ihnen ein gutes Preis-Leistungs-Verhältnis zu bieten und damit vielleicht einen treuen Stammkunden zu gewinnen.

Wer systematischer ans Werk gehen möchte, kann Weinproben nach verschiedenen Kriterien zusammenstellen, etwa ...

... nach Anbaugebieten Planen Sie z. B. eine Weinreise durch die deutschen Weinbaugebiete. Beginnend etwa mit einem Rotwein von der Ahr, dann südwärts am Rhein und seinen Nebenflüssen entlang bis an den Bodensee, von dort aus wieder Richtung Norden und Osten über Württemberg und Franken bis an die Elbe zu den Weinbergen der neuen Bundesländer.

Reiche Auswahl bei der Weinprobe: Weine aus allen deutschen Anbaugebieten

... nach Rebsorten Beginnen Sie mit einem leichten Silvaner, gefolgt von einem blumigen Müller-Thurgau sowie Weiß- und Grauburgunder, Gutedel und einem eleganten Riesling. Zum Schluß wird ein voller, körperreicher Gewürztraminer oder eine aromatische Scheurebe gereicht.

... nach Jahrgängen Servieren Sie z. B. einen 67er, 74er, 79er, 82er, 89er, 92er und 94er der gleichen Rebsorte und möglichst aus einer Gegend. So können Sie unmittelbar erleben, wie unterschiedlich der deutsche Wein von Jahr zu Jahr ausfallen kann und wie er sich mit den Jahren verändert. Allerdings wird die Beschaffung der Weine eventuell nicht ganz einfach sein. Einige Jahrgänge sind bereits vergriffen, und oft hilft nur der Zufall, bei einem Winzer noch eine Jahrgangsrarität aufzustöbern. Auch werden die ausgesuchten Jahrgänge nicht ganz billig sein. Dafür bieten sie aber zumindest einen Überraschungseffekt, oft auch ein besonderes Geschmackserlebnis.

... nach Qualitätsstufen Sie wählen ein Anbaugebiet und eine Rebsorte und stellen Weine der unterschiedlichen Qualitätsstufen zu einer Probe zusammen. Beginnen Sie mit einem leichten Tafelwein, und gehen Sie dann zu einem Qualitätswein (Q.b.A. ohne Prädikat) über. Darauf folgen die Prädikatsweine: „Kabinett", „Spätlese", „Auslese" und vielleicht sogar „Beerenauslese" oder „Eiswein". Nach diesem gewaltigen Geschmackserlebnis kehren Sie, um den Gaumen zu erholen, wieder zu dem leichten, frischen Kabinettwein zurück.

Natürlich gibt es noch viele andere Themen, nach denen man eine Weinprobe ausrichten kann. Die letzte Urlaubsreise kann als Aufhänger dienen. Oder kredenzen Sie Riesling oder Spätburgunder (Pinot Noir) aus aller Herren Länder. Der Phantasie sind keine Grenzen gesetzt, und Ihr Weinhändler wird Sie mit Vergnügen beraten.

Wieviel pro Person?

Es genügt, sechs bis acht verschiedene Weine auszuschenken. Berechnen Sie die Menge so, daß auf eine Person eine halbe Flasche kommt. Denken Sie dabei auch immer an Ihre motorisierten Gäste. Keine Sorge, man wird Sie nicht für knauserig halten. Durch die Vielzahl der Weinsorten und die intensive Beschäftigung mit den schluckweise verkosteten und besprochenen Weinen wird kaum jemand das Gefühl haben, er sei zu kurz gekommen.

Die Weinprobe beginnt

Die Probe ist zusammengestellt, die Gäste sind geladen – was gibt es sonst noch zu bedenken?
Der Raum, in dem Sie Ihre Gäste bewirten wollen, soll gut gelüftet und nicht zu warm sein. Und – bei aller Behaglichkeit – möglichst hell genug, um auch die Farbe des Weines prüfen zu können.

Was serviert man zum Wein dazu?

Reichen Sie zur Probe knusprige Brötchen, frisches Bauernbrot oder auch etwas Käse, damit sich der beanspruchte Gaumen erholen kann, außerdem ein mildes Mineralwasser gegen den Durst. Vergessen Sie übrigens nicht, Ihre Gäste darauf hinzuweisen, daß keine umfangreiche Mahlzeit geplant ist. Nichts stört bei einer Weinprobe mehr als ein knurrender Magen, der notdürftig mit trocken Brot gestopft werden muß!

Sehen Sie für jeden Gast mindestens zwei Gläser vor, damit er Weine direkt vergleichen kann und nicht gleich austrinken muß.

Nicht zu unterschätzen – das Weinglas

Sicher brauchen Sie keinen Schrank voll verschiedener Gläser, aber das Glas zählt doch zu den Werkzeugen des Weingenusses und darf in seiner Wirkung nicht unterschätzt werden. Probieren Sie nur einmal denselben Wein aus verschiedenen Trinkgefäßen, Sie werden staunen, wie unterschiedlich er wirkt. Selbst der edelste Tropfen kann nicht überzeugen, wenn er aus Plastikbechern genossen wird, und auch im Wasserglas kann er sich nicht richtig entfalten.
Die Form des Glases entscheidet mit, wie der Wein auf die Zunge und deren Geschmackszonen trifft. Wer einen feingliedrigen Wein aus einem zu wuchtigen breitmäuligen Glas trinkt, dem wird sich der Wein wie bei einem Dammbruch in die Mundhöhle ergießen und sich plump und schwer über den

Für jeden Wein das richtige Glas: Rotwein-, Weißwein-, Dessertwein- und Sherryglas

Gaumen wälzen. In einem zu kleinen Glas hingegen wirken große Weine häufig eindimensional.
Das Weinglas soll farblos-klar sein, um die Farbe des Weines voll zur Geltung zu bringen. Selbst Kristallschliff beeinträchtigt die Beurteilung der Klarheit. Ein nach oben sich verjüngender (tulpenförmiger) Kelch führt die Duftstoffe des Weines gezielt der Nase zu. Der Stiel muß handlich und stabil sein. Grundsätzlich sollte das Weinglas immer am Stiel und nicht am Kelch angefaßt werden, um Fingerabdrücke zu vermeiden und den Wein nicht unnötig zu erwärmen. Andererseits darf die Hand beim Rotwein ruhig einmal den ganzen Kelch umfassen, wenn der Wein zu kühl gereicht wurde.
Im Idealfall ist jedes Glas in seiner Form dem Charakter der jeweiligen Weinsorte angepaßt: bauchige Gläser für Burgunder, damit der voluminöse Rote seine Fülle entfalten kann.

Schlankere Formen für Bordeaux, so daß seine eleganten Aromen sich nicht in zuviel Luft auflösen. Eiförmiges Design für frischen Riesling, weil er dadurch gleichsam auf die Spitze der Zunge springt, dort Frucht und Extrakt zeigt und die Säure harmonisch eingebunden wird. Für Rotwein nimmt man etwas größere, offenere, für Auslesen und alkoholreiche südliche Weine kleine Gläser.

Glasformen

Für die Reihenfolge der Weine gilt generell: in der Qualität aufsteigend, nach dem glanzvollen Höhepunkt dann, gewissermaßen zur Erholung, abschließend wieder ein leichterer Wein als leichter, herber „Abtrunk". Diese Regel gilt übrigens nicht nur für die Weinprobe, sondern auch für das festliche Menü oder den gemütlichen Abend mit Freunden.

Die Reihenfolge der Degustation

Achten Sie immer darauf, daß der Wein, den Sie gerade verkosten wollen, die richtige Temperatur hat. Mit der Temperatur der Weine steht und fällt die Weinprobe. Zu kalte Weine sprechen nicht an. Sehr flüchtige Bukettstoffe sind gerade noch erkennbar, aber Aroma und Extrakt können kaum wahrgenommen werden. Weine mit Restsüße wirken bei niedrigen Temperaturen süßer, als sie sind. Bei zu hoher Temperatur „kommen" die Weine zu schnell, weil die flüchtigen Stoffe sehr rasch verdunsten, und Alkohol, Säuren und Unreinheiten treten stärker in Erscheinung.

Trinktemperatur

Das Temperieren darf auf keinen Fall gewaltsam erfolgen. Zum Abkühlen oder Erwärmen braucht der Wein Zeit, also Rotwein nicht etwa in heißes Wasser oder neben die Heizung stellen. „Zimmertemperatur" meinte übrigens ursprünglich ein Zimmer mit Kaminfeuer, also 16 bis 18 °C. Wenn Sie den Rotwein früh genug aus dem Keller holen und einen halben Tag im Zimmer stehen lassen, ist er richtig temperiert. Perl- und Schaumweine sollten 8 bis 10 °C aufweisen. Weißweine

einfacher und mittlerer Qualität sind zwischen 10 und 11 °C optimal, edlen Weißwein trinkt man am besten bei 12 bis 13 °C. Wer ganz sicher gehen will, kann zur Ermittlung der richtigen Temperatur ein Probethermometer benutzen.

Da Weißwein kühl getrunken werden soll und keinen längeren Luftkontakt verträgt, öffnen Sie die Flasche nicht vor der Zeit, und bringen Sie den Wein erst kurz vor dem Ausschenken ins Zimmer. Rotweine dagegen können bereits Stunden zuvor geöffnet werden. Sie entwickeln und entfalten sich erst, wenn sie Gelegenheit haben zu „atmen". Sekt wird erst in letzter Minute entkorkt, denn er soll kühl und frisch im Glas perlen.

Wenn es ganz genau sein soll, hilft das Weinthermometer

Öffnen der Flasche

Zum Öffnen der Weinflasche wird die Kapsel – das ist der Kunststoff- oder Metallfolienüberzug über Korken und Flaschenhals – direkt über dem gläsernen Verstärkungsband am Flaschenhals sauber abgeschnitten oder aufgerissen. Später beim Ausschenken soll der Wein nicht über den Kapselrand fließen, weil er bei Stanniolkapseln sonst metallisch schmekken kann. Die Flaschenmündung wird mit einem Tuch sauber abgewischt.

Ein guter Flaschenkorken muß elastisch sein, er soll wenig Poren, eine glatte Oberfläche und mehr als sechs Jahresringe aufweisen. Erst dann gewährleistet er eine hohe Dichte und einen optimalen Verschluß der Flasche. Wenn man den Korken auseinanderschneidet, ist dies alles wunderschön zu sehen – allerdings ist es dann meistens zu spät. Man kann aber davon ausgehen, daß ein guter Wein zu einem guten Preis auch einen ordentlichen Korken hat.

Die Korkenlänge richtet sich in erster Linie nach der Güte des Weines. Normale Trinkweine werden mit einem 39 Millimeter langen Korken verschlossen, für wertvolle Gewächse dürfen es schon 53 bis 60 Millimeter sein. Normalerweise hat selbst der beste Korken keine längere Lebensdauer als 20 Jahre. Sitzt er lose im Flaschenhals, so kann daraus geschlossen werden, daß der Wein vertikal statt horizontal gelagert wurde und der Korken dadurch ausgetrocknet ist.

Je edler der Wein, desto länger der Korken

Bricht beim Öffnen einer Flasche der Korken ab, so liegt das im allgemeinen am Korkenzieher oder an demjenigen, der damit hantiert. Es gibt sehr viele verschiedene Arten von Korkenziehern. Kein anderes Wein-Accessoire ist in vergleichbarer Vielfalt auf dem Markt, und es ist kein Problem, dafür ein kleines Vermögen anzulegen. Man bekommt seine Flasche aber auch billiger geöffnet.
Achten Sie darauf, daß der Korkenzieher nicht einem Bohrer ähnelt, sondern die Gestalt einer offenen Spirale hat, deren innere Windung groß genug ist, um ein Streichholz hindurchzustecken. Auch sollte er unbedingt eine scharfe Spitze haben, die dem Lauf der Spirale folgt und nicht zentriert ist.
Ziehen Sie den Korken vorsichtig heraus, nicht mit einem Ruck, damit der Wein nicht gestört wird. Solange getrunken wird, kann die Flasche offen bleiben. Sollten beim Entkorken Schmutz oder Korkbrösel auf die Flaschenmündung geraten sein, wischen Sie mit dem Tuch nochmals vorsichtig darüber.

Einschenken

Nun ist es soweit. Der Wein ist bereit zum Einschenken. Weingläser dürfen nicht ganz gefüllt werden, etwa ein Drittel bis die Hälfte ihres Volumens sollte frei bleiben, damit sich das Bukett darin entfalten kann.

Sind die technischen Voraussetzungen erfüllt, ist der weitere Fortgang der Weinprobe eigentlich in erster Linie ein psychologisches Problem: Wie locke ich meine Gäste aus der Reserve?
Man prostet sich zu, nippt am Glase und wartet ab, wie der Wein in der Runde ankommt. Die Atmosphäre ist noch etwas steif, und Ihre Gäste werden sich vermutlich darauf beschränken, Ihnen artig zuzunicken und anerkennende Worte zu murmeln. Provozieren Sie ein wenig. Etwa, wenn der Wein eher säurebetont ist: „Da zieht sich ja der Mund zusammen, könnte der nicht etwas milder sein ... – oder was meinen Sie/meint Ihr?" oder, wenn er eher mild ist: „Der ist vielleicht ein bißchen schlaff, nicht wahr?". Meist wird ein Gast widersprechen oder zumindest abwiegeln, und die Diskussion ist eröffnet. Anschließend geht es an die systematische Begutachtung des Weines.
Ganz entscheidend ist es, die Gäste nicht zu überfordern. Man muß nicht gleich in einer Blindprobe (mit verdecktem Etikett) Rebsorte, Anbaugebiet und Jahrgang erraten wollen. Zunächst einmal geht es nur darum, den Wein bewußt und konzentriert wahrzunehmen. Da kann jeder mitreden!
Es soll also nicht der Eindruck erweckt werden, daß es um spezielle Kenntnisse geht oder man gar das Wissen der Teilnehmer abfragen wolle. Vorsichtig tastet die Runde sich unter der Regie des Gastgebers (oder kompetenter Gäste, die der Anfänger klugerweise dazugeladen hat) an den Wein heran. Ist es ein alter Wein – zu erkennen am typischen Alterungston im Aroma, an der Weichheit und der dunkleren Farbe – oder ein junger Jahrgang, der sich an der spritzigen, lebendigen Art und einem helleren Farbton verrät? Aus welcher Rebsorte ist er gemacht? Woher kommt er?

Bei allem Vergnügen an der Sache ist aber schließlich doch noch ein wenig Disziplin ratsam: Machen Sie sich Notizen, damit die Probeneindrücke nicht einfach verpuffen.

Das Probenprotokoll

Legen Sie sich ein „Kellerbuch“ an, eine einfache linierte Kladde, mit der Sie jede Weinprobe begleiten. Wollen Sie systematischer vorgehen, dann verwenden Sie ein Formblatt, auf dem die wichtigsten „Fragen an den Wein“ verzeichnet sind. Auf den folgenden zwei Doppelseiten finden Sie ein Blanko-Musterprotokoll, das Sie sich kopieren können, sowie ein Beispielblatt mit Erläuterungen. Vergrößern Sie die Blätter mit dem Kopierer auf 122 %, dann passen sie genau in das DIN-A4-Format. Um mit den Aufzeichnungen arbeiten zu können, empfiehlt sich die Anlage einer Kartei; Computerbesitzer können natürlich ebensogut mit ihrem elektronischen Helfer arbeiten.

Halten Sie alle wesentlichen Daten über den Wein fest, außerdem Ihre persönlichen Eindrücke und nicht zuletzt die Kommentare Ihrer Gäste. Dabei wird sich zum Beispiel herausstellen, daß der teuerste Wein durchaus nicht unbedingt am besten ankommt. Mit der Zeit werden Sie auf diese Weise einen reichen Wein-Erfahrungsschatz anhäufen und gezielte Vergleiche anstellen können (wie war der entsprechende Wein dieses Weingutes im Vorjahr?). Obendrein sind die Ergebnisse Ihrer privaten Weinproben der beste Ratgeber bei künftigen Einkäufen für einen geselligen Abend mit Wein oder auch bei der Wahl von Weinpräsenten.

So proben die Profis: Weingläser, Wasser und ein Block für die Notizen

Weinproben-Protokoll

Wein

Gekauft bei ______ am ______ Preis ______

Name/Lage ______ Rebsorte ______ Jahrgang ______

Erzeuger bzw. Abfüller ______ Datum der Weinprobe ______

Auge

Erster Eindruck und Auffälligkeiten ______

______

Farbe ______

Nase

Erster Eindruck und Auffälligkeiten ______

______

Intensität ______

Aromen ______

______

Mund

Erster Eindruck und Auffälligkeiten

Süße

Säure

Gerbstoffe

Aromen

Gesamtbild des Weines

Sorte

Alter

Frucht

Körper

Harmonie

Abgang

Beurteilung

Erläuterungen zum Weinproben-Protokoll

Sammeln Sie zu den folgenden Fragen jeweils die Beiträge Ihrer Probengäste auf Zuruf! Versuchen Sie, sich so auszudrücken, daß Sie auch nach ein paar Monaten noch wissen, was mit einer bildhaften Beschreibung oder spontanen Beurteilung gemeint war.

Wein

Notieren Sie hier alle Angaben vom Etikett, die wichtig sind, um den Wein wiederzufinden.

Gekauft bei	am	Preis
Name/Lage	Rebsorte	Jahrgang
Erzeuger bzw. Abfüller	Datum der Weinprobe	

Auge

z.B. „blank", „brillant"; Trübungen, Weinstein, „Kirchenfenster" usw.

Erster Eindruck und Auffälligkeiten

z.B. „blaß gelbgrün", „goldgelb", „tiefrot" …

Farbe

Nase

z.B. „auffälliger Johannisbeerduft", „scheint schon ein älterer Wein zu sein", „ausgeprägtes

Erster Eindruck und Auffälligkeiten

Sortenbukett"; Fremdgerüche wie „leichter Korkgeruch" …

„zart im Duft", „umwerfend" …

Intensität

Aromen in der Reihenfolge der Wahrnehmung notieren: ohne Schwenken, nach einmal Schwen-

Aromen

ken usw.; Schlußeindruck, Gesamteindruck, z.B. „sehr nuancenreich"; „schlicht gestrickt" …

Mund

z.B. „spritzige frische Säure", „rauh, zusammenziehend im Mund", „aufdringliche Süße" …

Erster Eindruck und Auffälligkeiten

Konzentrieren Sie sich hier auf die einzelnen Geschmackskomponenten. Relativ unbestimmte Aussagen wie „kaum wahrnehmbar" oder „sehr ausgeprägt" reichen aus.

Süße Säure Gerbstoffe

Vgl. Nasenprobe. Treten bestimmte Aromen deutlicher oder schwächer hervor?

Aromen

Neue Entdeckungen?

Gesamtbild des Weines

z.B. „unklar", „neutral im Geschmack", „sehr typisch" …

Sorte

z.B. „jung, frisch", „sollte noch etwas liegen", „reif, abgerundet", „kurz vorm Umkippen" …

Alter

z.B. „saftig, Traubengeschmack", „sehr himbeerig" …

Frucht

z.B. „Leichtgewicht", „vollmundig, sehr beeindruckend" …

Körper

z.B. „zu alkoholisch", „Süße schlecht eingebunden", „Tannine vorherrschend" …

Harmonie

z.B. „kurz", „lang anhaltend", „Fruchtaromen kommen noch mal deutlich heraus" …

Abgang

Beurteilung

z.B. „angenehmer einfacher Wegschluckwein"; „bester bisher probierter Spätburgunder"; „müßte gut zu Wild passen"; „kommt nicht an den Riesling von … heran, aber auch nicht schlecht"; „Herr XY war begeistert (60. Geburtstag!)" …

WEIN PROBIEREN UNTERWEGS

Bisher war die Weinprobe zu Hause das Thema. Es gibt aber auch eine Vielzahl reizvoller Möglichkeiten, außerhalb der eigenen vier Wände Wein zu probieren – ganz ernsthaft oder auch nur zum reinen Vergnügen ...

Wenn Sie den Wein dort kennenlernen wollen, wo er gewachsen ist, ohne gleich einen Winzer persönlich anzusprechen, bieten sich die Straußwirtschaften – in manchen Gegenden auch Besen- oder Heckenwirtschaft genannt – und Gutsschänken an. Diese praktische Institution geht, man höre und staune, auf Karl den Großen zurück, der nicht nur für die Verbreitung des Weinbaues in seinem Reich sorgte, sondern sich auch um den Absatz des Weines bemühte. Er ordnete an, daß Winzer, die ihren Wein direkt ans Volk verkaufen wollten, dies durch einen ausgehängten Kranz (corona de racemis) deutlich zu machen hätten.

Strauß-wirtschaften

Die Straußwirtschaften bieten Originalität und die ungezwungene, persönliche Atmosphäre eines Familienbetriebes. Auch heute noch sind sie durch den „Buschen“, durch Bündel von Zweigen, einen Strauß oder Kranz gekennzeichnet. Ein Blick in die örtliche Tageszeitung hilft, längere Irrfahrten zu vermeiden. Zum Wein gibt es ein mehr oder minder umfangreiches Angebot von rustikalen kalten oder warmen Speisen der regionalen ländlichen Küche – ganz original.

Probierstände

In den Weinorten entlang der Weinstraßen findet man immer häufiger den Hinweis „Weinprobierstand“. In kleinen Probiergläsern kann man die in der Gemarkung gewachsenen

Weine testen und von denen, die besonders gut schmecken, auch gleich ein paar Flaschen mitnehmen. Letzteres sollten besonders die Autofahrer beherzigen, die sich ja leider nur ein paar Probeschlückchen erlauben dürfen.

Probiert man den Wein dann noch einmal in Ruhe zu Hause, schmeckt er oft überraschend anders. Zum einen wirkt sicherlich die Stimmung – sei es im Urlaub oder auf einem Wochenendausflug – stimulierend auf die Geschmacksnerven und die Beurteilung des Wahrgenommenen im Gehirn. Dazu kommt natürlich noch die Luftveränderung, das eventuell andere Licht und Klima.

Weinwochen und -messen

Für unsere weinfernen Leser im kühlen Norden ist der Weg in die Weinberge weit. Anläßlich von Weinwochen, -ausstellungen und -messen bieten aber oft weitab vom Produktionsgebiet regelrechte Weinprobierstraßen Gelegenheit, Weine aus den verschiedensten Anbaugebieten zu kosten. Man sollte diese Chance unbedingt nutzen und seine Zunge immer wieder trainieren, zumal an diesen Ständen die gebietstypischen Weine direkt und in guter Auswahl miteinander verglichen werden können.

Empfehlenswert sind auch die Probierstände auf Wein- und Winzerfesten. Die Proben werden in kleinen Gläsern angeboten, man kann deshalb preiswert die Qualitätsstufen bis zur Beerenauslese hinaufsteigen. Am Ende der in Reih und Glied aufgestellten „Himmelsleiter“ von Probierständen sind Sie dann zumindest in seliger Laune. Durchs ganze Jahr von April bis Dezember gibt es immer irgendwo ein Weinfest, ob es nun Weinfrühlingsfest heißt oder Weinblütefest, Weinkirmes, Weinmarkt, Weinlesefest oder Winzer-Erntedankfest. Die Deutsche Weininformation, Mainz (Seite 114) veröffentlicht alljährlich einen Terminkalender aller deutschen Wein- und Winzerfeste, den Sie kostenlos beziehen können. Entsprechende Informationsstellen für Österreich und die Schweiz sind im Adreßteil (S. 117 bis 119) aufgeführt.

Weinfeste

Weinseminare

Wer generell seine Kenntnisse über den Wein ergänzen und vertiefen will, der ist gut beraten, eines der heute zahlreich angebotenen Weinseminare zu besuchen.
Zunächst einmal gibt es in vielen Städten die Weinkollegs der Volkshochschulen, in denen nicht nur theoretisches Wissen über den Wein gelehrt, sondern auch das eine oder andere Glas geleert werden sollte.
Vom Frühling bis in den Herbst hinein werden in den Anbaugebieten Weinseminare angeboten. Auch dies keineswegs eine trockene Angelegenheit, sondern vielmehr eine attraktive Möglichkeit, Weinkultur und Weinerzeuger, aber auch Weinrestaurants und die um den Wein herum präsentierte Regionalküche vor Ort und hautnah kennenzulernen. Vorlesungen und Lehrweinproben werden von erfahrenen Praktikern abgehalten, und auf Rundfahrten lernen die Teilnehmer weinbezogene Sehenswürdigkeiten kennen. Im folgenden Adressenteil sind die wesentlichen Informationen, geordnet nach Ländern und Anbaugebieten, zusammengefaßt.

ADRESSEN

Hinweis: Das Angebot der im folgenden beschriebenen Weinseminare ändert sich jedes Jahr. Fragen Sie daher im Zweifelsfall bei der jeweils angegebenen Adresse nach.

DEUTSCHLAND

Weinseminare in den Anbaugebieten

(alphabetisch geordnet)

AHR

Das nördlichste deutsche Weinanbaugebiet mit ca. 700 Hektar Rebfläche bietet verschiedene interessante Weinseminare an, die dem Teilnehmer einen umfassenden Einblick in die Welt des Weines vermitteln.

Wochenendseminar für Weinfreunde

Zweitägiges Seminar mit Fachvorträgen, Besichtigung eines Erzeugerbetriebes incl. Kellerprobe und großer festlicher Ahrweinprobe.
Informationen bei

Touristik-Service Ahr, Rhein, Eifel
Bäder-, Wein- und Wanderland e.V.
Markt 11
53474 Bad Neuenahr-Ahrweiler
Tel. 0 26 41 / 9 77 30, Fax 97 73 73

Weinseminar in Mayschoß

Das eintägige Weinseminar beginnt mit einem Sektempfang; anschließend fachkundige Weinbergsführungen und eine Betriebsbesichtigung mit Kellerbesichtigung in der ältesten Winzergenossenschaft der Welt.
Den Abschluß bildet eine große Weinprobe.

Winzergenossenschaft Mayschoß-Altenahr eG
Postfach 42
53508 Mayschoß/Ahr
Tel. 0 26 43 / 93 60-0, Fax 93 60-93

Weinseminar in Altenahr

Das zweitägige Weinseminar umfaßt neben einem einführenden Lichtbildervortrag fachliche Weinbergsführungen, Betriebsbesichtigungen und eine große Weinprobe mit abschließendem Winzerball. Wenden Sie sich bitte an die

Winzergenossenschaft Mayschoß-Altenahr eG
Tunnelstraße 17–19
53505 Altenahr
Tel. 0 26 43 / 16 13

Baden

Von der Tauber im Norden bis zur Schweizer Grenze im Süden erstreckt sich das badische Weinbaugebiet als mehr oder weniger breites Band mit einigen Unterbrechungen. In Seminaren kann der Weinfreund die ganze Bandbreite der badischen Weine kennenlernen.

Badisches Weinkolleg

Die zweitägigen Seminare finden mehrmals im Jahr an verschiedenen Orten statt. Neben sämtlichen Mahlzeiten und Weinproben umfaßt das Weinkolleg Führungen, Betriebsbesichtigungen und Exkursionen. Informationen dazu gibt es beim

Badischen Weinbauverband e.V.
Merzhauser Straße 115
79100 Freiburg i. Br.
Tel. 07 61 / 40 99 47 und 40 99 48

Franken

Nicht nur der Bocksbeutel macht das kleine Weinland Franken interessant, auch die in den Tälern des Mains und seiner Nebenflüsse gewachsenen Weine versprechen interessante Seminartage in dieser alten Kulturlandschaft.

Heiteres Weinwochenende an der Volkacher Mainschleife

Das Weinwochenende bietet neben interessanten Stadtführungen einen Wein-Quizabend, Betriebsbesichtigungen und Weinproben.
Nähere Informationen gibt es beim

Verkehrsamt Volkach
Rathaus
97326 Volkach
Tel. 0 93 81 / 4 01 12, Fax 4 01 16

Weinfreundetage in Thüngersheim
Von Freitag bis Sonntag bietet das Weinwochenende einen Einblick in den fränkischen Weinbau. Neben Besichtigungen steht auch eine große Weinprobe auf dem Programm. Wer noch intensiver in die Welt des Frankenweines einsteigen will, kann auch von Montag bis Samstag buchen.
Informationen erteilt die

Gemeindeverwaltung Thüngersheim
Rathaus
97291 Thüngersheim
Tel. 0 93 64 / 96 30 oder 41 49, Fax 96 54

Mittelrhein

Das Anbaugebiet Mittelrhein erstreckt sich ca. 100 Kilometer längs des Rheins und bietet neben den vorwiegend kernigen, blumigen Rieslingweinen auch eine gute Portion romantisches Deutschland mit Burgen und kleinen mittelalterlichen Städten und Weinorten.

Weinseminar in Bacharach
Das zweitägige Weinseminar richtet sich an Gruppen von 5 bis 30 Personen. Neben Fachvorträgen, Weinproben und Betriebsbesichtigungen runden Weinbergsbegehungen und gemeinsame Busfahrten das Programm ab.
Das Seminar kann auch in englischer Sprache gehalten werden.

Weinstuben
Zum Grünen Baum
Fam. Bastian
Am Marktplatz
55422 Bacharach
Tel. 0 67 43 / 12 08, Fax 28 37

Weinfröhliches Wochenendseminar an der Loreley
Alljährlich im Herbst kann der Weinfreund von Freitag bis Sonntag in weinfachlichen Führungen, Weinproben und einer Weinlehrpfadbegehung die Weine des Mittelrheins kennenlernen. Informationen gibt es beim

Verkehrsverein Loreley-Burgenstraße e.V.
Dolkstraße 3
Postfach 1120
56342 St. Goarshausen
Tel. 0 67 71 / 8 01 15, Fax 8 01 35

Mosel-Saar-Ruwer

Der weinbaulich bedeutendste Nebenfluß des Rheins, die Mosel, und ihre rechten Nebenflüsse Saar und Ruwer haben dem Weinbaugebiet seinen Namen gegeben. Rebkultur und Weingastlichkeit kennt man hier schon seit den Römertagen.

Weinproben und -seminare finden direkt bei den Winzern statt. Eine ausführliche Broschüre ist erhältlich bei der

Weinwerbung Mosel-Saar-Ruwer e.V.
Gartenstraße 12a
54295 Trier
Tel. 06 51 / 7 66 21 oder 4 59 67

Nahe

Mit einer Rebfläche von ca. 5000 Hektar gehört die Nahe zu den mittelgroßen Weinbaugebieten Deutschlands. Die Weinberge beginnen am Rhein bei Bingerbrück und erstrecken sich naheaufwärts, vorbei an den Kurstädten Bad Kreuznach und Bad Münster bis hin zum Soonwald.

Im Weinbauland Nahe können Sie Ihr Weinseminar direkt beim Winzer buchen. Eine Vielzahl von Weingütern bietet abwechslungsreiche Seminarprogramme an. Informationen erteilt

Weinland Nahe e.V.
Dessauer Straße 6
55545 Bad Kreuznach
Tel. 06 71 / 2 75 63, Fax 2 75 68

Pfalz

Das Weinbaugebiet Pfalz liegt im südlichsten Teil des Landes Rheinland-Pfalz, am Westrand des Oberrheingrabens. Durch einen 80 Kilometer langen und 6 bis 10 Kilometer breiten Rebgürtel zieht sich die Deutsche Weinstraße.

Wochenend-Weinseminar

In der Deidesheimer Weinschule findet das dreitägige Seminar von Freitag bis Sonntag statt. Information und Anmeldung beim

Amt für Fremdenverkehr
Postfach 220
Bahnhofstraße 11
67143 Deidesheim
Tel. 0 63 26 / 50 21 oder 50 22, Fax 50 23

Rheingau

Das kleine, aber feine Anbaugebiet liegt am westlichen Rand des Rhein-Main-Ballungsraumes und bietet neben dem klassischen Rheingauer Riesling auch eine Menge an Kunst und Kultur. Das Weinkloster Eberbach bildet die ideale Kulisse für Weinveranstaltungen und Weinseminare.

Rheingauer Weinseminare

Im Rahmen dieser abwechslungsreich gestalteten Seminare stellt sich das Weinbaugebiet Rheingau mit seiner reichen Kultur und seinen weltweit bekannten Weinen vor. Auf Wunsch werden auch weinfachlich und weinkulturell ausgerichtete Weinseminare für Gruppen organisiert.
Nähere Informationen erteilt das

Rheingauer Weinseminar
Rheinstraße 5
65385 Rüdesheim
Tel. 0 67 22 / 40 71 17, Fax 40 71 01

Württemberg

Das Anbaugebiet Württemberg erstreckt sich etwa von der Tauber im Norden bis zu den geschützten Talhängen am Fuß der Schwäbischen Alb im Süden. Seit der Römerzeit betreibt man hier Weinbau. Heute zeichnet sich das Anbaugebiet durch eine außergewöhnliche Rebsortenvielfalt aus.

Literarische Weinkollegs

Weingeschichten, Wein und Tafelfreuden in der Literatur und der Wein in der Weltgeschichte sind nur einige Themen der Literarischen Weinkollegs in Württemberg. Informationen erhält man über den

Verkehrsverein Heilbronn e.V.
Rathaus
74072 Heilbronn
Tel. 0 71 31 / 56 22 70

Weitere Informationen

Neben den aufgeführten Weinseminaren gibt es in allen Anbaugebieten noch eine Vielzahl von Veranstaltungen rund um den Wein. Vom Frühjahr bis zum Herbst finden in fast allen Weinbaugemeinden Weinfeste, Weinproben, Tage der offenen Weinkeller und vieles mehr statt. Rufen Sie einfach das örtliche Verkehrsamt, die Stadtverwaltung, den zuständigen Weinbauverein oder die regionale Gebietsweinwerbung an, und erkundigen Sie sich nach den Aktivitäten.

Alle benötigten Informationen über Wein und Wein-Institutionen, wie etwa die Anschriften der Gebiets-Weinwerbungen, Lehr- und Versuchsanstalten für Weinbau und Kellertechnik, Rebzuchtanstalten usw. sowie einen kostenlosen Wein- und Winzerfestkalender erhalten Sie unter folgender Adresse:

Deutsche Weininformation
Gutenbergplatz 3–5
55116 Mainz
Tel. 0 61 31 / 28 29-0

Viele Winzer bieten in ihrem Weingut auch private Veranstaltungen, vom Jazzfrühschoppen bis hin zum klassischen Klavierabend mit Weinpoesie. Lassen Sie sich in die Kundenkartei aufnehmen, dann werden Sie immer rechtzeitig über besondere Aktivitäten unterrichtet.

Gebietsübergreifende Weinseminare

Schwimmendes Weinseminar der KD

Wer mit einem guten Glas Wein in der Hand eine romantische Rheinreise verbunden mit Fachinformation erleben will, der hat die Möglichkeit, an einem siebentägigen schwimmenden Weinseminar teilzunehmen. Die Fahrt geht von Nijmegen nach Basel. Das Seminar wird auch in englischer Sprache gehalten. Nähere Informationen erteilt die

Köln-Düsseldorfer Schiffahrtsgesellschaft
Frankenwerft 15
50667 Köln
Tel. 02 21 / 2 08 82 88

Fachliche Weinseminare des DWI

Das Deutsche Weininstitut in Mainz bietet eine Vielzahl von Weinseminaren an, die fast alle mit einem Zertifikat über die erlangten Fähigkeiten abschließen. Neben dem Weinseminar mit Abschlußtest für Handel, Weinwirtschaft und Gastronomie und für Einzelinteressenten werden auch Aufbauseminare für Weinfachleute der Weinwirtschaft und des Handels bzw. der Gastronomie angeboten. Anmeldung und Information über das

Deutsche Weininstitut GmbH
Gutenbergplatz 3–5
55116 Mainz
Tel. 0 61 31 / 28 29 34, Fax 28 29 60

Englischsprachiges Weinseminar

Ein siebentägiges, fachlich anspruchsvolles Weinseminar in englischer Sprache bietet die German Wine Academy an. Neben Fachvorträgen, Besichtigungen und Ausflügen gibt es am Abschlußabend ein Festmahl mit Weinprobe. Weitere Auskünfte erteilt die

German Wine Academy
Gutenbergplatz 3–5
55116 Mainz
Tel. 0 61 31 / 28 29 42 oder 28 29 18

Weinsensorik-Seminare

Neben den genannten Weinseminaren, die in der Regel das ganze Spektrum der Weinerzeugung abdecken, gibt es mittlerweile auch einige spezielle Sensorikseminare.

Im **Weinkloster Eberbach, Rheingau,** findet dreimal jährlich ein eintägiges Sensorikseminar statt, bei dem die Teilnehmer nicht nur weintypische Geruchs- und Geschmackseindrücke kennenlernen, sondern auch in praktischen Übungen lernen, ihren eigenen Schwellenwert für das individuelle Erkennen von Grundgeschmacksstoffen und Weinfehlern zu bestimmen. Informationen erhält man über

Kloster Eberbach
65346 Post Eltville am Rhein
Tel. 0 67 23 / 42 28 oder 51 57

Auch die **Landes-Lehr- und Versuchsanstalt in Oppenheim, Rheinhessen,** bietet eine Seminarreihe für Weinsensorik an. In dem dreitägigen Sensorikseminar, das alljährlich Anfang Juni stattfindet, gibt es für die Teilnehmer reichlich Gelegenheit, mit Berufsprüfern und Weinfachleuten zu diskutieren. Auskünfte über die Veranstaltung erteilt die

Staatliche Lehr- und Versuchsanstalt
für Landwirtschaft, Weinbau und Gartenbau
Zuckerberg 19
55276 Oppenheim
Tel. 0 61 33 / 93 00

Die **Mainzer Degustationstage** vermitteln in einem zweitägigen Seminar sensorische Grundkenntnisse und vertiefen die Fähigkeiten zur fachlichen Verkostung und Weinbeurteilung. Unterlagen und weitere Informationen gibt es über das

Deutsche Weininstitut GmbH
Gutenbergplatz 3–5
55116 Mainz
Tel. 0 61 31 / 28 29 34, Fax 28 29 60

Österreich

Der wichtigste Veranstalter von Weinseminaren in Österreich ist die

Weinakademie Österreich
Hauptstraße 31
A–7071 Rust
Tel. 00 43 / 26 85 /4 53, Fax 64 31

mit der Außenstelle

Weinakademie Österreich – Zweigstelle Krems
Wiener Straße 101
A–3500 Krems
Tel. 00 43 / 27 32 / 8 76 12, Fax 8 76 13

Basisseminare in ganz Österreich

Die Basisseminare vermitteln einen Überblick über das Weinland Österreich mit den Inhalten: Weinbaugebiete, Rebsorten, Weinbau und Weinbereitung, Weingesetz, Weinsensorik und Weinansprache, Tisch- und Trinkkultur, Weinverkostungen. Mit Abschlußprüfung.
Abendveranstaltungen mit fünf Terminen (jeweils verteilt über mehrere Wochen) in Wien, Rust oder Krems, zweitägige Wochenendseminare in Klagenfurt, Linz, Bregenz, Graz, Salzburg.

Österreichisches Weintutorium

Dreitägige Wochenendseminare (Fr bis So) in Krems und Rust mit Vorlesungen, Stadtführung oder Betriebsbesuch, Weinbergsbegehung, Degustationsmenüs, Kellerführungen und Verkostungen bei hochrangigen Erzeugerbetrieben.

Aufbauseminar für Weinliebhaber

Speziellere Themen der österreichischen und internationalen Weinwirtschaft, Weinsensorik und Weinfehler, Verkostungstraining u. a., begleitet von Degustationen, praxisorientierten Betriebsbesuchen und Fachgesprächen mit Winzern sowie einem Degustationsmenü. Mit Abschlußprüfung.
Abendveranstaltung mit acht Terminen über mehrere Wochen in Krems, Wien oder Rust oder viertägige Wochenendveranstaltung (Do bis So) in Krems.

Austrian Wine Experience
Einwöchige Reise durch Österreichs Weinlandschaften mit Besichtigung von Weingärten und historischen Kellern sowie Weindegustationen bei den besten Weinproduzenten des Landes. Daß dabei auch die weinkulinarische Seite nicht zu kurz kommt, versteht sich von selbst. In deutscher oder englischer Sprache. Detailliertes Programm auf Anfrage.

Verkostungsseminare
Abendliche Einzelveranstaltungen an verschiedenen Seminarorten in Wien zu besonderen Themen, z. B. vergleichende Verkostung verschiedener Weine einer Rebsorte (Blaufränkisch, Grüner Veltliner, Riesling), Wein zum Essen, reife Weine.
Nähere Informationen und Anmeldung zu sämtlichen Veranstaltungen bei der Weinakademie Österreich unter oben angegebener Adresse.

SCHWEIZ

In der Schweiz gibt es keine offizielle landesweite Informationsstelle, sondern die Weinwerbung ist regional organisiert.
Bei den im folgenden aufgeführten regionalen Weininformationsbüros werden auch Anfragen in deutscher Sprache problemlos bearbeitet.

Ass. des vignerons du Vully FR
Francis Chauterns
Case postale
CH-1787 Môtier
Tel. 00 41 / 37 / 73 12 09, Fax 73 26 87

OVG
André Tellenbach
Case postale 499
CH-1214 Vernler/Genève
Tel. 00 41 / 22 / 341 31 50, Fax 341 42 53

OVV
René C. Bernhard
Chemin de la Vuachère 6
CH-1005 Lausanne
Tel. 00 41 / 21 / 729 61 61, Fax 729 55 26

OPAV
Fernand Schalbetter
avenue de la Gare 5
CH-1950 Sion
Tel. 00 41 / 27 / 22 22 47–48, Fax 22 87 89

OVN
Ernest Zwahlen
Case postale 1417
CH-2001 Neuchâtel
Tel. 00 41 / 38 / 25 71 55, Fax 24 49 40

PROVITI
Mauro Scopazzini
Plazza Cloccaro 2
CH-6900 Lugano

Weitere Auskünfte bei:

IFO – Interessengemeinschaft für Ostschweizerweine
Postfach 57
CH-8180 Bülach

Schweizerischer Weinbauverein
(Weinbauverein der deutschsprachigen Schweiz)
Seestrasse 251
CH-8804 Au-Wädenswil

Gesamtschweiz

Weinseminare in verschiedenen Ortschaften der gesamten Schweiz mit ca. acht Kursabenden (einmal pro Woche) veranstaltet der

Schweizerische Weinhändlerverband
Amthausgasse 1
CH-3011 Bern
Tel. 00 41 / 31 / 311 45 08, Fax 312 10 42

Informationen über aktuelle Veranstaltungen in der Gesamtschweiz sowie hauseigene Aktivitäten sind erhältlich bei:

Vinum-Verlag
Klosbachstrasse 85
CH-8030 Zürich
Tel. 00 41 / 1 / 262 26 18, Fax 251 99 53

Regionale Angebote

Bielersee

Führung im Rebbaumuseum, kleine kommentierte Weinprobe. Wanderwege durch die Weinberge. Unterlagen anfordern bei

Informations- und Propagandastelle für Bielersee Weine
Rebhaus
2513 Twann
Tel. 00 41 / 32 / 95 27 18 (9–11 Uhr), Fax 95 27 83

Wallis

Lager- und Kellerführung (deutsch oder französisch) mit Filmvorführung und kleiner kommentierter Weinprobe. Informationen bei

Provins Valais
1951 Sion (Sitten)
Tel. 00 41 / 27 / 21 21 41, Fax 23 40 88

Weiterführende Literatur

Ambrosi, Hans:
Die vergnügliche Weinprobe.
Ceres Verlag, Bielefeld (o. J.).

Ambrosi/Becker:
Der deutsche Wein.
Gräfe und Unzer, München 1988.

Gibel, Kurt:
Weine degustieren – leicht und spielend.
gkm-edition, Wettswil (Schweiz) 1994.

Hofmann, Alfred:
Weine verstehen und beurteilen.
Ulmer, Stuttgart 1987.

Klenk, Ernst:
Weinbeurteilung.
Ulmer, Stuttgart 1972.

Kurz, Friedrich:
Leitfaden für eine erfolgreiche Weinprobe.
Gewa-Druck, Bingen 1989.

Léglise, Max:
Eine Anleitung zur Degustation edler Weine.
DIVO, Lausanne 1981.

Simon, Joanna:
Wein entdecken.
Hallwag, Bern u. Stuttgart 1994.

Glossar

Abgang Nachgeschmack des Weines nach dem Herunterschlucken. Ein langer Abgang zeichnet einen hochwertigen Wein aus.

Analysewerte Chemische Analyseergebnisse für die Weinbestandteile Alkohol, Extrakt, Restsüße, Schwefelgehalt und Gesamtsäure (Standardanalyse). Über die Qualität eines Weines sagen diese Werte wenig aus; sie dienen lediglich dem Kellermeister und dem Weinkontrolleur als Anhaltspunkt für kellertechnische Maßnahmen bzw. die Überwachung gesetzlicher Vorschriften.

Anreicherung Zuckerzusatz zum Most, um bei der Gärung eine höhere Alkoholausbeute zu erreichen. Der Wein wird also nicht süßer, sondern alkoholreicher. In Frankreich chaptalisation.

Aroma Gesamtheit der Stoffe, die jedem Wein sein typisches Duft- und Geschmacksbild verleihen.

Art Charakter eines Weines.

Ausbau Vom Kellermeister gelenkte Entwicklung eines Weines vom Most bis zur Trinkreife, also Gärung, Lagerung im Holzfaß oder Stahltank, Abfüllung in Flaschen etc. Art und zeitlicher Ablauf der verschiedenen kellertechnischen Maßnahmen haben großen Einfluß auf das Geschmacksbild des Weines.

Blindprobe Verdeckte Probe, bei der das Flaschenetikett nicht lesbar ist und daher keinerlei Vorinformationen zur Verfügung stehen. Der Weinprüfer muß sich also ganz auf seine Sinne und sein Urteil verlassen.

Blume Positiver Geruchseindruck des Weines; man spricht von edler, feiner, zarter Blume. Steigerung: Bukett.

Böckser Ein Gärfehler, der dem Jungwein einen unangenehmen, an faule Eier erinnernden Geruch und Geschmack verleiht.

Botrytis Eine besondere Art von Schimmelpilz, die erwünschtermaßen Weintrauben befällt und in den meist sehr hochwertigen Weinen einen typischen Geschmacks- und Geruchston hervorruft (Edelfäule).

Bukett Besonders reiche Blume; Sorten-, Gär-, Alters-, Firne-, Botrytisbukett.

chambrieren Von französisch chambre (Zimmer). Einen Rotwein auf Zimmertemperatur bringen.

Degustation, Verkostung Fachliche, professionelle Weinprobe.

dekantieren Vorsichtiges Umgießen von Wein, um ihn vom Bodensatz (abgesetzten Trübstoffen) zu befreien.

Duft, duftig Wie Blume, nur zarter und feiner.

durchgegoren Wein, in dem der gesamte Zucker bei der Gärung in Alkohol umgewandelt wurde, der also keine Restsüße mehr enthält. Bei gleichzeitig hohem Säuregehalt können durchgegorene Weine hart und bissig schmecken.

eckig Unharmonischer Wein, bei dem einzelne Geschmacksstoffe (Säure, Gerbstoff) zu sehr hervortreten.

Edelfäule siehe Botrytis

elegant Optimal ausgewogene und abgestimmte, feine Weine.

entrappen Maschinelles Abtrennen der Beeren von den Stielen (Rappen) vor dem Mahlen und Pressen des Lesegutes.

Extrakt Die Gesamtheit aller im Wein gelösten Stoffe, wie Zucker, Säure, Salze, Glyzerin, außer Alkohol. Hoher Extraktgehalt verspricht volle, körperreiche Weine.

fad Ausdrucksloser, säurearmer Wein.

Faßgeschmack Muffig-dumpfer Holzgeschmack.

Federweißer Most jenseits des Gärungshöhepunktes, aber noch mehr oder weniger zuckerhaltig. Der durch die Hefe milchig trübe, vitaminreiche Saft wird gern als leicht alkoholisches Erfrischungsgetränk genossen.

Firne Geschmackston eines alten Weines, der nicht mehr jugendlich und spritzig ist und ein etwas hart anmutendes Lagerbukett (Oxydationsbukett) angenommen hat. Bei Spitzenweinen kann die sogenannte Edelfirne aber auch eine Bereicherung darstellen.

Flaschenreife Entwicklung des Weines in der Flasche. Gerade hochwertige Weine erreichen ihren höchsten Genußwert oft erst nach mehrjähriger Reifung in der Flasche.

geschmeidig Angenehm glatter, harmonischer Wein mit ausgeglichener Säure.

Gewächs, Kreszenz Wein von renommierter Herkunft.

Hektar Flächeneinheit, Abkürzung ha, 1 ha = 10.000 m^2.

Hektoliter Volumeneinheit, Abkürzung hl, 1 hl = 100 l.

herb Geschmackseindruck von Weinen, die reich an Tannin sind. In der Gastronomie auch säurebetonte Weine mit wenig Restsüße.

Jungwein Wein, dessen alkoholische Gärung eben erst beendet ist und der noch nicht oder gerade erst von seiner Hefe getrennt wurde. Vorstadium ist Federweißer.

keltern Auspressen des Traubensaftes aus der → Maische.

Kneipwein, Zechwein Einfacher, leichter, süffiger Schoppenwein, der dank seines relativ geringen Alkoholgehaltes auch in größeren Mengen konsumiert werden kann.

Korkgeschmack Tritt bei Flaschenweinen mit einem kranken (bakteriell befallenen) Korken auf; kann mit einem Holz- oder Alterston verwechselt werden. Bei schwachem Korkgeschmack kann man den Wein noch gut zu einer Weincreme aufkochen.

Körper Vollmundigkeit, bedingt durch hohen Extraktgehalt.

Kreuzung Züchtungsprodukt aus zwei verschiedenen Rebsorten. Die Rebsorte Müller-Thurgau beispielsweise ist eine Kreuzung von Riesling und Silvaner. Die Kreuzungsprodukte müssen sorgfältig auf günstige Erbeigenschaften ausgelesen und über Jahrzehnte auf ihre Eignung für den wirtschaftlichen Rebbau überprüft werden. Durch Züchtung versucht man vor allem Eigenschaften wie Resistenz gegen Krankheiten, frühe Reife oder Frosthärte günstig zu beeinflussen.

Lage Mehr oder minder großer Landschaftsausschnitt mit mehr oder minder einheitlichen Wachstumsbedingungen für Reben. Je nach Lage können Weine abhängig von Boden, Besonnung etc. sehr unterschiedlich ausfallen.

leer Dünn, gehaltlos.

leicht Wein mit geringem Alkohol- und Extraktgehalt.

lieblich Milde, angenehme Weine mit harmonischer Süße und ausgewogenem Gehalt an Bukett- und Geschmacksstoffen.

Maische Masse aus zerquetschten, gemahlenen Trauben vor der Kelterung.

Maischegärung Bei der klassischen Rotweinbereitung wird der Most mehrere Tage zusammen mit der Maische vergoren, um den Farbstoff aus den Beerenschalen zu entziehen.

Most Traubensaft.

Mostgewicht siehe Oechsle-Grade

Mutation Spontane Veränderung der Erbeigenschaften. Manche Rebsorten sind durch Mutation aus einer älteren Sorte entstanden.

Nase Ausdruck für den allgemeinen Geruchseindruck eines Weines (z. B. „feine Nase").

Oechsle-Grade Maß für den Zuckergehalt im Traubenmost.

Rasse, rassig Rasse hat ein herzhafter, lebendiger Wein, bei dem die Säure kräftig, aber nicht unangenehm hervortritt.

Restzucker, Restsüße Im engeren Sinne der Zucker, der im Wein nach Abschluß der Gärung noch zurückbleibt.

sauber Einwandfreier, reiner Wein ohne Geschmacksfehler.

Schönung Bindung und Ausfällung von Trübstoffen im Wein vor der Flaschenfüllung.

schwer Alkoholreiche Weine mit viel Extrakt, meist für Weine aus südlichen Weinbauländern.

Sensorik Lehre von den Sinnen. Die sensorische Lebensmittelprüfung ist – trotz unvermeidlicher Probleme mit dem Maßstab Mensch (unterschiedliche Geschmacksschwellenwerte etc.) – eine wissenschaftlich untermauerte Testmethode und der chemischen Analyse in vieler Hinsicht überlegen, da die komplexe stoffliche Zusammensetzung von Wein, Kaffee u. a. Lebens- und Genußmitteln mit Labormethoden nach wie vor nicht erfaßt werden kann.

spritzig Frische, meist junge Weine mit angenehmer, lebendiger Säure. Meist enthalten sie auch gelöste Kohlensäure, die aber nicht sichtbar sein muß.

stoffig Kräftig, substanzreich, intensiv.

süffig Frischer, anspruchsloser, etwas süß gehaltener Kneipwein, der leicht über die Zunge läuft und zum Weitertrinken animiert.

Tannin Gerbstoff.

verschlossen Wein, der seine Geschmacksnuancen nicht vollständig hergibt. Tritt auf bei unterentwickelten Weinen oder unmittelbar nach einem längeren Transport.

Register

Zum gleichen Themenbereich ist im FALKEN Verlag bereits erschienen:
K. Röder, H.-G. Dörr: Was Weinfreunde wissen wollen (1224)

Die Deutsche Bibliothek – CIP-Einheitsaufnahme

Ambrosi, Hans:
Wein richtig geniessen lernen : Einführung in die Weinsensorik /
Hans Ambrosi/Ingo Swoboda. – Niedernhausen/Ts. : FALKEN, 1995
ISBN 3-8068-4809-2
NE: Swoboda, Ingo:

ISBN 3 8068 4809 2

Umschlaggestaltung: Peter Udo Pinzer
Gestaltung: Horst Bachmann
Lektorat: Annegret Kuhn
Redaktion: Annegret Kuhn, Claudia Boß und Birgit Wenderoth
Herstellung: Albert Brühl
Titelbild: TLC-Foto-Studio GmbH, Velen-Ramsdorf
Fotos: Archiv Forschungsanstalt Geisenheim (Fachgebiet Rebenzüchtung), Geisenheim: Seite 64 u.; **Deutsche Wein-Information (DWI),** Mainz: Seite 13, 52, 55, 67 o., 122, 123, 124, 125, 126; **Deutsche Wein-Information (DWI)/Europress,** Mainz: Seite 51, 67 u., 68, 113; **Dieth & Schröder Fotografie/Doll,** Stadecken: Seite 40; **Europress,** Oppenheim: Seite 1, 4 o., 6, 8/9, 10, 11, 17, 18, 43, 45, 57, 58, 61, 62, 64 o., 65, 73, 75, 78/79, 83, 87, 92, 101, 107, 121; **Armin Faber Fotografie,** Düsseldorf: Seite 2, 38, 41, 44, 66 u., 71, 94, 98; **LVWO Weinsberg (Ref. Rebenzüchtung),** Lauffen: Seite 66 o.; **H. J. Schwarz,** Idstein: Seite 34, 99, 106; **Silvestris Fotoservice (Winfried Wisniewski),** Kastl./Obb.: Seite 44 u., 36/37; **FALKEN Archiv:** Eichler/Hofmann: Seite 96 / Wolfgang Feiler Fotografie: Seite 24, 31, 77, 128 / Rolf Feuz: Seite 119 / Edith Gerlach: Seite 20 / Studio R. Schmitz: Seite 85 / TLC-Foto-Studio GmbH: Seite 81
Zeichnungen: Andreas Ambrosi: Seite 12; Jan-Roeland Vos, Kronenburg: Seite 14, 22, 27, 42

Satz: Raasch & Partner GmbH, Neu-Isenburg
Druck: Appl, Wemding

817 2635 4453 6271